JN032793

自分で 地域で

手づくり防災術

土砂崩れ、洪水、地震に備える

農文協

はじめに――自然とうまく付き合う農家・農村の手づくり防災術

本書は、雑誌『季刊地域』や『現代農業』に掲載された記事を再編集し、誰でもできる身近な防災術を一冊にまとめた本です。

ご存じのとおり、日本は世界有数の「災害大国」といわれます。２０１１年の東日本大震災以降、マグニチュード６以上の地震の約２割は日本で発生しており、近年は南海トラフ地震や首都直下地震が懸念されています。また、地球温暖化による豪雨災害も頻発・激甚化するなか、強固な構造物によって自然の力を抑え込む巨大なダムや堤防など、大規模な防災施設が各地に整備されてきました。いまや、私たちの防災の多くは公共事業やサービスに任せているのが現状です。

この本では、そうした国や公共のインフラ（公助）に頼りすぎず、自給の力（自助）や地域の力（共助）で自然災害に備える実践を「手づくり防災」と呼ぶことにしました。自然に逆らうのではなく、自然の力を生かしたり、回復させたりしながら災害を小さくする知恵や技が農村にはあります。地滑りや洪水、地震など、度重なる災害を経ながら永続的かつ主体的に地域を守ってきた農家・農村に学ぶことは多いのではないでしょうか。

「まさかの時には、自給力がものを言う」。広島県三原市の元消防隊員・角広寛（すみひろゆたか）さん（Ｐ６）は自然と調和した暮らしにあこがれ、30ａの田んぼで米をつくるほか、家庭菜園でさまざまな野菜を栽培しています。自分で井戸を掘り、薪ストーブ用の薪を蓄え、太陽光パネルも設置。西日本豪雨災害で停電・断水した際には、これらがたいへん役立ったといいます。その他にも、スコップと草刈り鎌で空気と水の流れを回復して裏山の土砂災害に備える知恵（Ｐ38）や、「田んぼダム」（Ｐ70）、土のう積み（Ｐ88）など、地域ぐるみの小さい土木で水害に備える技、自治会のみんなで生き抜くための早期避難マップづくり（Ｐ110）など、手づくり防災の具体的な実践を収録しました。

本書が行政や人任せにしない自主防災の一助となり、少しでも減災につながれば幸いです。

２０２３年10月

一般社団法人　農山漁村文化協会

目次

PART3 水路・ため池・川の水害に備える

PART4 早期避難で生き抜く ――みんなでつくる半径数百mの防災計画

絵とき　手づくり防災

まとめ＝編集部　　イラスト＝河本徹朗

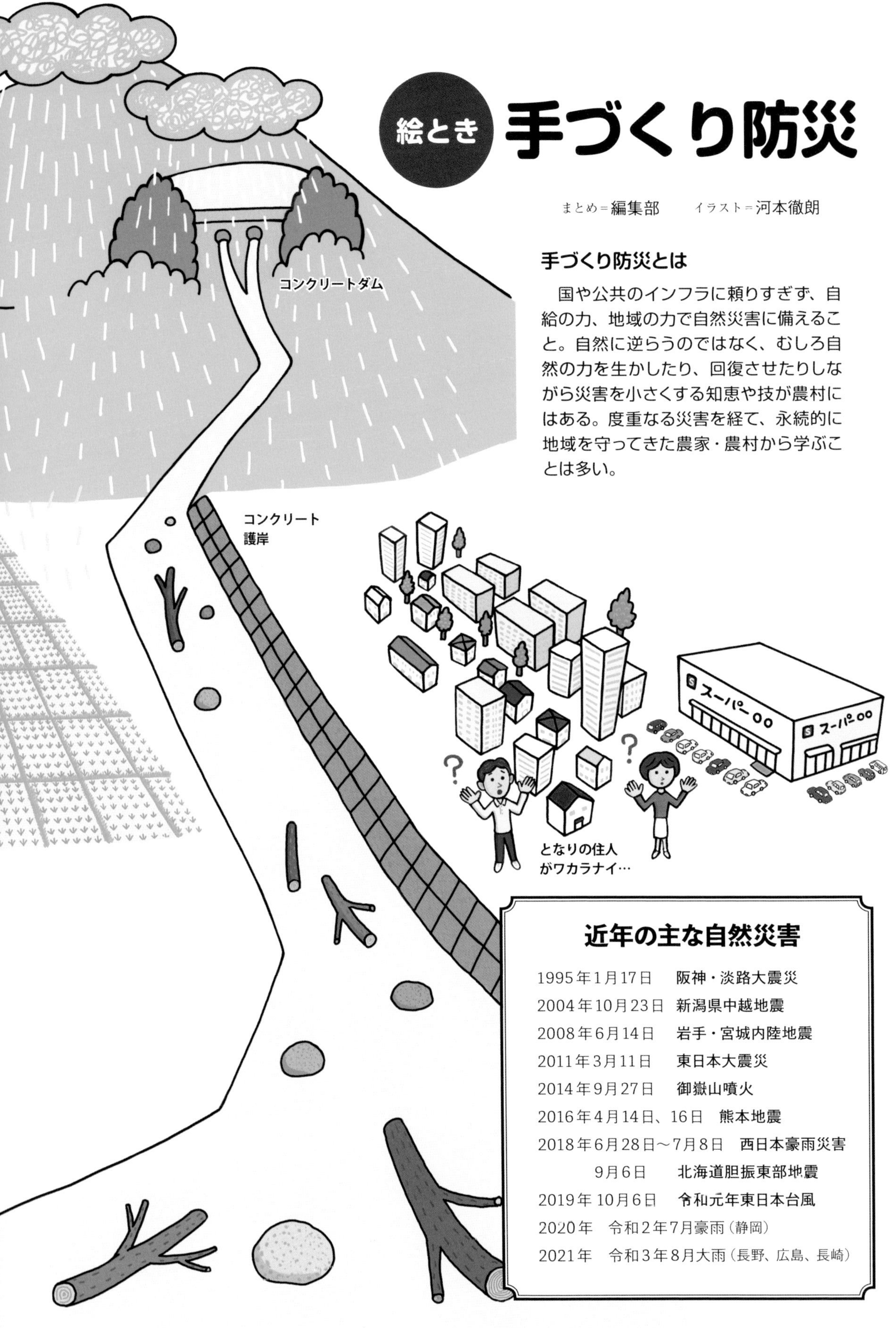

手づくり防災とは

国や公共のインフラに頼りすぎず、自給の力、地域の力で自然災害に備えること。自然に逆らうのではなく、むしろ自然の力を生かしたり、回復させたりしながら災害を小さくする知恵や技が農村にはある。度重なる災害を経て、永続的に地域を守ってきた農家・農村から学ぶことは多い。

近年の主な自然災害

1995年1月17日	阪神・淡路大震災
2004年10月23日	新潟県中越地震
2008年6月14日	岩手・宮城内陸地震
2011年3月11日	東日本大震災
2014年9月27日	御嶽山噴火
2016年4月14日、16日	熊本地震
2018年6月28日～7月8日	西日本豪雨災害
9月6日	北海道胆振東部地震
2019年10月6日	令和元年東日本台風
2020年	令和2年7月豪雨（静岡）
2021年	令和3年8月大雨（長野、広島、長崎）

山の管理を人任せにしない

小さい林業や『大地の再生』など、
身近な道具で自然の力を回復させる

⇒Part 2「裏山の土砂災害に備える」

逃げろー

公共の電気・ガスに頼りすぎない

太陽光、太陽熱、薪など
小さいエネルギーでライフラインを確保

⇒Part 1「自分でできる困りごと解決」

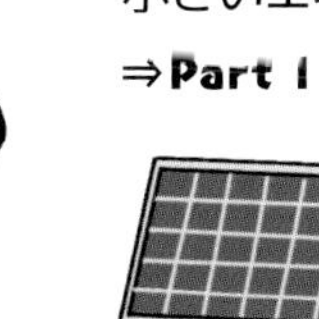

田んぼダム

大規模治水施設に頼りすぎない

田んぼダム、ため池、土のうなど、
小さい土木で災害を防ぐ、水辺を守る

⇒Part 3「水路・ため池・川の水害に備える」

ずっとここで暮らすために力を合わせる

防災マップ、防災協定など、ご近所の力で自主防災

⇒Part 4「早期避難で生き抜く」

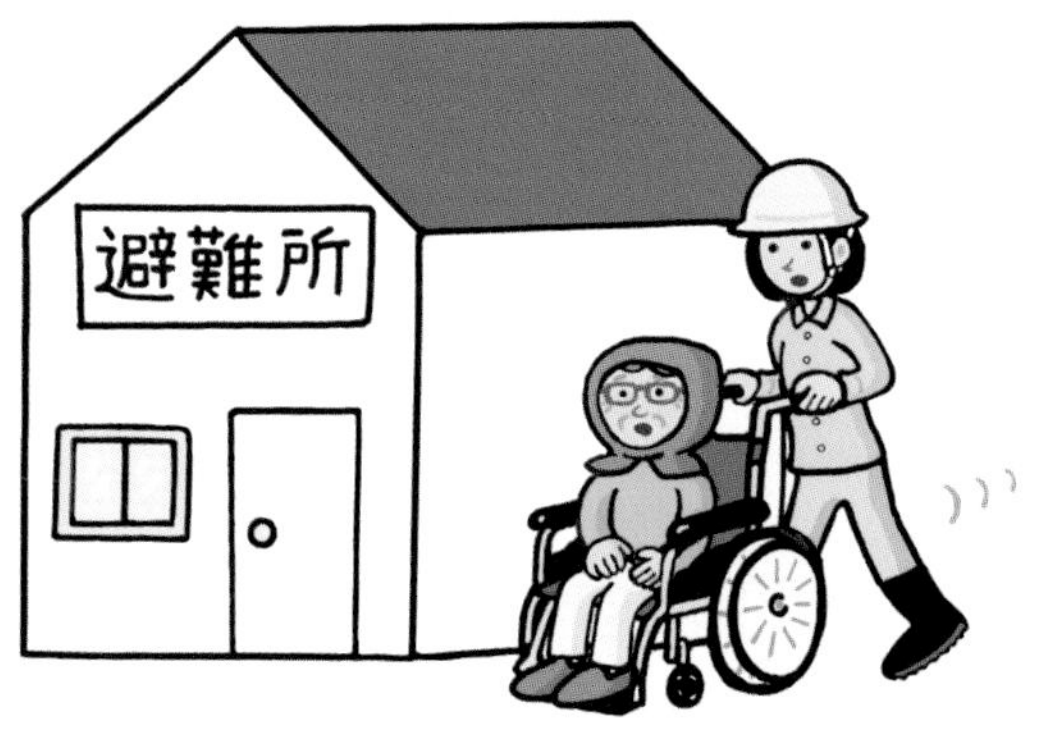

停電2日半、断水2週間
西日本豪雨災害を小さいエネルギーで乗り切った

角広　寛（広島県三原市）

2018年夏のニュースで大きく報道されたとおり、私が暮らす広島県三原市（約4万4000世帯）は、西日本豪雨災害で8人が亡くなる大惨事となった。7月6日の大雨で、市の中心部を流れる沼田川が氾濫し、支流の8カ所で決壊。2600余りの世帯が床上・床下浸水の被害を受け、停電は2日半、断水は2週間に及んだ。

7月6日　夜通しの救援活動が続く

市の消防署に勤務する私は、徹夜で救助活動に当たっていました。尾道市に隣接する現場では、腰まで泥につかりながら土石流跡をさかのぼり、半身が泥に埋まった女性を救助したり、電柱が倒れて出火した家からお年寄りを助け出したりと、時間の経過がわからなくなるほど動きまわっていました。

三原市西部の広島空港の近くでは、集落の大半が2m以上浸水して国道や県道が水没――。消防隊も現場に近づけない状態でしたが、唯一わが家の前の市道だけは通れたので、そこから水難救

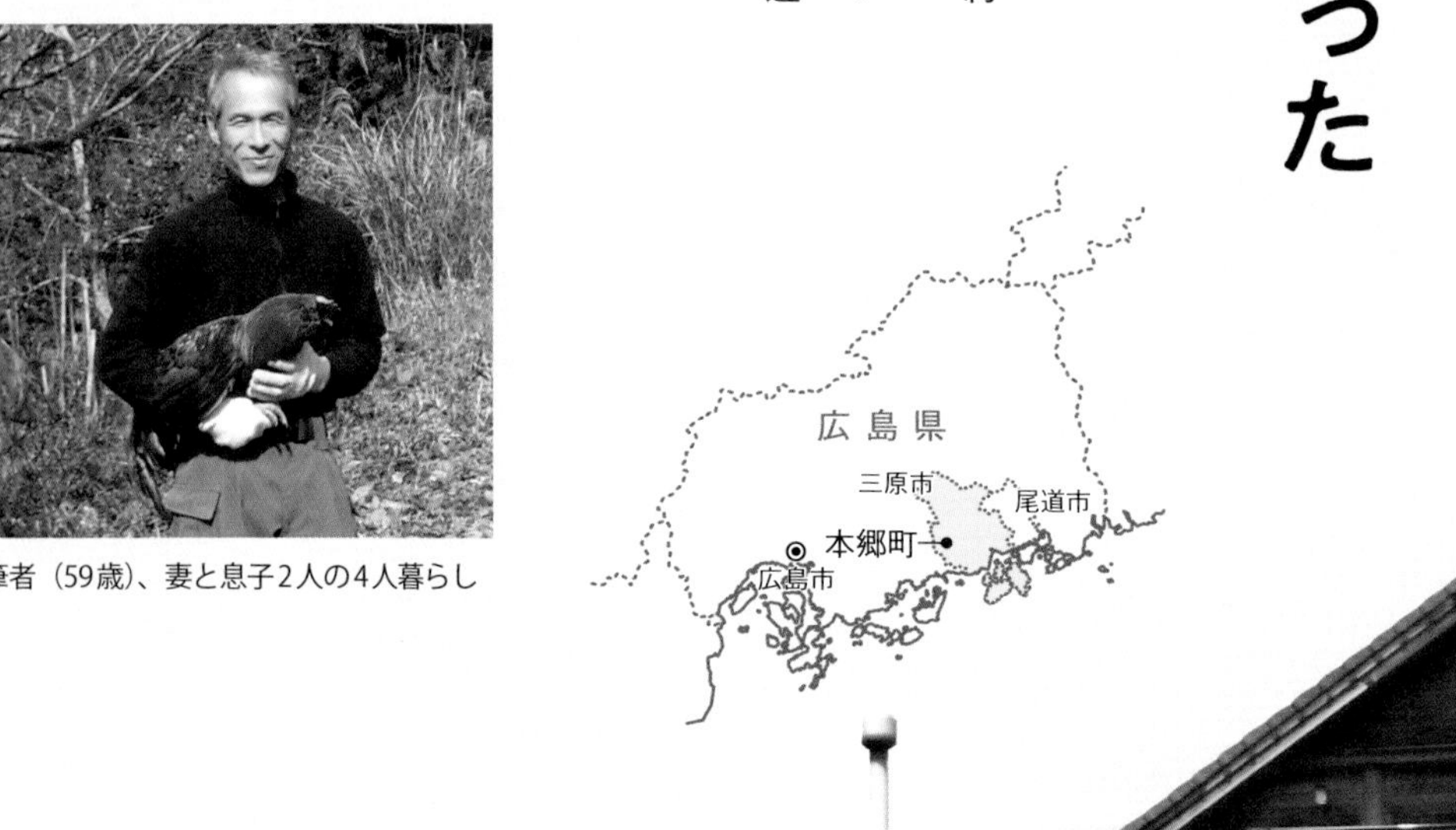

筆者（59歳）、妻と息子2人の4人暮らし

自宅の前に積み上げられた1年分の薪

助隊を入れて救助活動が続けられました。

7日昼　薪が役立った

やがて夜が明け、消防署で待機していたときのことです。携帯電話に妻からメールが届きました。

「知らない年配の方が『薪を売ってほしい』と訪ねて来られました。どの薪ならいいですか？」

「車庫の前に積んである、細くてよく乾いた薪を分けてあげて。もちろん無料で」と返信。

わが家は2002年に新築して以来、薪ストーブを愛用しているので、庭先や車庫に薪がたくさん積んであります。おそらく、日頃遠くから散歩に来られる人もうちに十分な薪があることを知っていたのでしょう。電気やガスが止まっても、火をおこしさえすれば煮炊きできます。わが家の備蓄薪がお役に立てたのならよかったです。

7日夕　眠っていたエンジン発電機が活躍

日中の勤務が終わって帰宅すると、家族が懐中電灯の明かりを頼りに夕食の冷麺を食べていました。大学生の長男に聞くと、納屋から引っ張り出してきたガソリンエンジンの発電機は、最初こそ調子がよかったものの、途中で止まってしまったというのです。

ヘッドライトを装着して点検すると、キャブレターが緩んでいました。もともと田んぼに水を揚げるために買った発電機ですが、10年以上使っておらず、燃料も抜いていませんでした。キャブレターが固着していたようで、息子が掃除した際に緩んでしまったのでしょう。その後、オイルを補給してエンジンを始動……、と

10年ぶりに動かしたエンジン式発電機
（新ダイワEGR21、出力2100W）

土砂崩れで埋もれたＪＲ山陽本線の線路

ところが、今度はスターターロープがプツンと切れてしまいました。ガックリ。そこで荷造りヒモを探し出してきて再チャレンジ。今度は無事にエンジンがかかりました。

発電機本体のコンセントに延長コードをさし、電化製品を接続します。リビングのLED照明や液晶テレビ、冷蔵庫、携帯電話、さらには井戸の揚水ポンプも動かすことができました。ただし、200Vの電気温水器は使用できず水しか出ませんでしたが、それでもありがたかったです。

8日 朝　太陽光パネルの「自立運転」を知る

翌朝、裏山の2カ所で土砂崩れが起きていたことがわかりました。北側の裏山ではヒツジ小屋が半壊し、鶏小屋も一部土砂に埋まりましたが、ヒツジとニワトリの親子は無事でした。心配していた納屋の裏の石垣も元のままです。大雨が降るたび、石のすき間から水が噴き出していましたが、70年前に祖父が積み上げた石垣は、水を上手に逃がすよう考えられていたのでしょう。

この日も停電は続いていました。わが家は太陽光パネルを屋根につけているので、この電気を使おうと考えました。電力会社の電気が止まっても自宅の太陽光発電の電気は使えると思いきや、画面には「エラー」の表示。あれ、おかしいなあ？　マニュアルを読むと、停電時はパワーコンディショナーの運転ボタンを押し、連系から自立運転に切り替えるように書いてありました。

さっそく自立運転に変更。パワコンの非常用コンセントに延長コードを差し込んで、扇風機のスイッチを押すと、おおー動いた！　ただし、非常用電源の出力はパワコン1基につき1・5kW（1500W）までと決まっているようです。雲が出るとすぐに

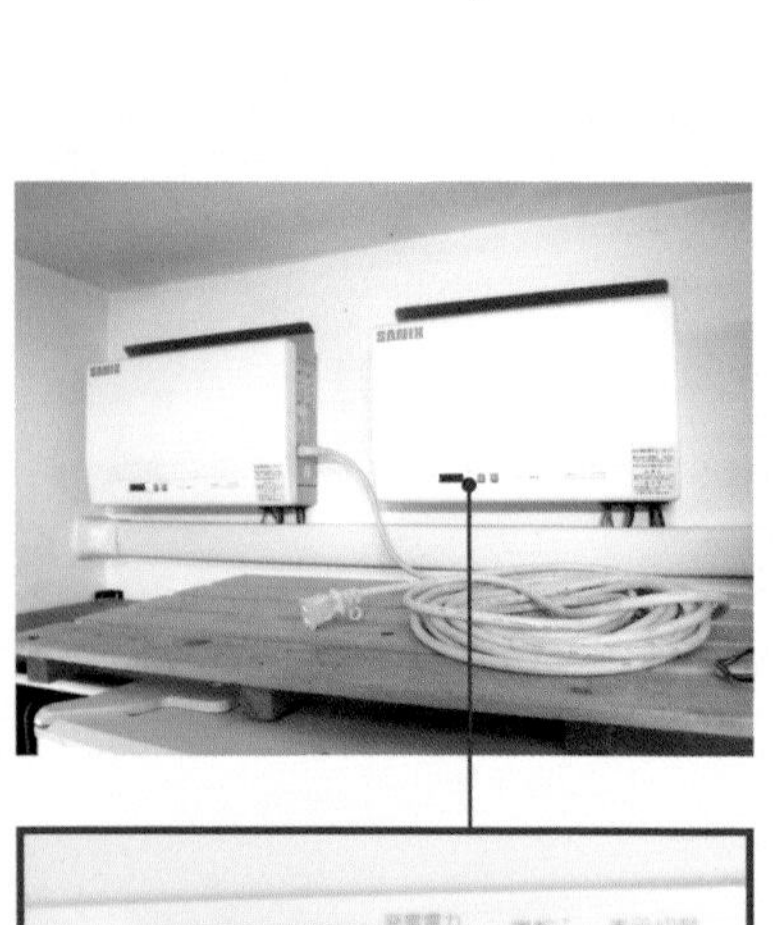

「自立運転モード」への切り換え方

「運転」ボタンを押すと連系から自立運転に切り換わり、非常用のコンセントから1.5 kWの電気を供給する

自宅の屋根には8.6kWの太陽光パネルを設置。普段は1kW当たり48円で売電している

出力が下がるので、電化製品は少なめに接続したほうがよさそうです。

わが小舟木下（こぶなぎしも）集落は17世帯で、うち10世帯が太陽光パネルをつけていますが、自立運転への切り替え方を知っている人は案外少なく、高齢世帯を回ってパワコンを操作し延長コードを接続してあげると、たいへん感謝されました。

8日昼　ロケットコンロでご飯を炊く

電気もガスも止まるなか、高校生の次男がロケットコンロを使って鍋でご飯を炊いてくれました。5年前、当時小学生だった次男と一緒にオイル缶でつくった懐かしい作品で、庭で魚を焼いたり、タケノコのアク抜きに使ったりした記憶があります。

焚き口から細い小枝をくべると、その名のとおり、ゴオーッとロケットのような音がして、あっという間にお焦げの香ばしいご飯が完成。あらためてロケットコンロの燃焼効率のよさを再認識しました。

ちなみに、わが家には七輪もあります。50年以上も前に祖父が焼いた炭もたくさん残っていますが、今回はロケットコンロの活躍で出番がありませんでした。

防災は自給力がものを言う

今回の災害では電気やガス（燃料）、水、食料など、暮らしにおける自給力があらためて問われたように思います。

農村生まれの私は、小さいから自然の中で育ちました。春は山菜、秋はマツタケが食卓に並ぶのが当たり前で、牛もニワトリも

ロケットコンロのしくみ

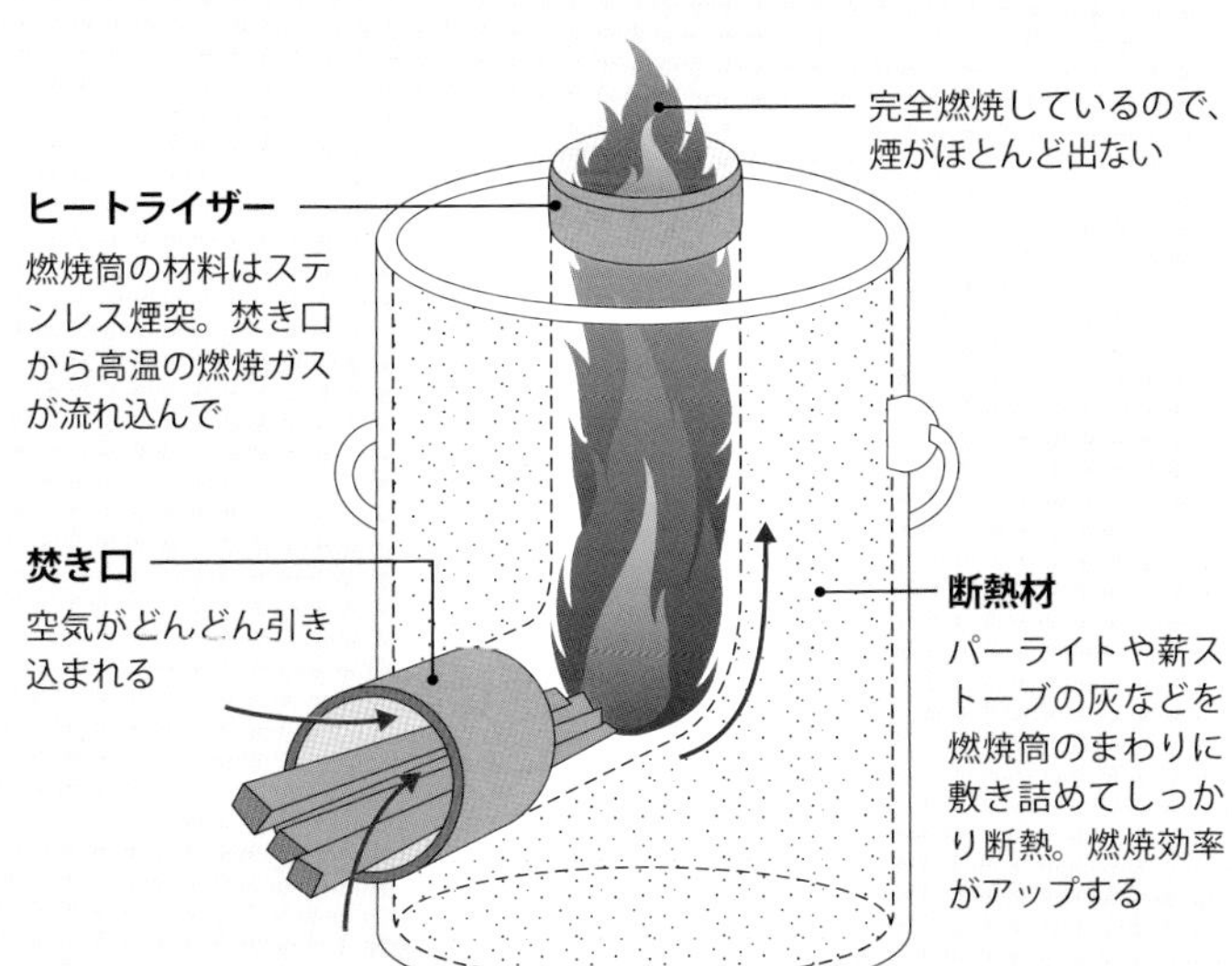

完全燃焼しているので、煙がほとんど出ない
ヒートライザー
燃焼筒の材料はステンレス煙突。焚き口から高温の燃焼ガスが流れ込んで
焚き口
空気がどんどん引き込まれる
断熱材
パーライトや薪ストーブの灰などを燃焼筒のまわりに敷き詰めてしっかり断熱。燃焼効率がアップする

愛用の薪ストーブ。本体と自分で設計・発注した屋外の煙突を合わせて80万円ほど

ペール缶でつくったロケットコンロ。焚き口と煙突はステンレス筒、断熱材は薪ストーブの灰を使用

飼っていました。小学校の帰りには、川を下りながら魚を手づかみし、エラにツルを通して持ち帰ったものです。当然、ご飯もかまどで炊いていました。

大人になってからも自然と調和した暮らしにあこがれ、30aの田んぼで米をつくり、家庭菜園の野菜はすべて無農薬栽培。夏は居間の前にヘチマ、ゴーヤー、インゲンなど「緑のカーテン」を育て、冬は海でワカメ刈り、山でイノシシやシカを捕まえて美味しくいただいています。

自宅を建てる際には、エネルギー自給にもこだわりました。たとえば、薪ストーブを設置して裏山の木を活用するのもそのひとつです。おかげで山がきれいになり、タダの燃料で部屋干しの洗濯物がパリッと乾きます。冬に停電しても薪ストーブがあれば暖がとれるし、調理もできるので安心です。今では、近所の薪ストーブ仲間が5人になり、みんなで里山整備を兼ねて薪づくりを楽しんでいます。

屋根に太陽光パネルを設置したのは8年前でした。総工費は約350万円（うち市の補助金80万円）、西向き35度の屋根にもかかわらず、48円/kWhで余剰電力を売電し、7年で元がとれました。

もうひとつは、井戸の整備です。わが家は昔から井戸水を利用してきたので、古井戸に新しい井戸枠を入れ、さらに掘り下げました。当時は忙しくて業者に依頼したので30万円ほど費用がかかりました。畑の散水用の井戸は、塩ビパイプでつくった道具で自分で掘ったので2万円で済みました。深さは10m。水質検査も良好で、誰でも飲めるようにコップを置いています。今回の災害では断水が長期にわたったので、ポリタンク持参で汲んでいった人も多かったようです。

遊休地に50kWの太陽光パネルを設置（5カ所で計250kW、32円/kWhで売電）。下草刈りは4頭のヒツジに任せている。
＊売電価格は2014年・10kW以上のFIT設定価格

畑の散水用に手掘りした井戸は、近くの弁海（べんかい）神社にちなんで「弁海之泉」と命名

PART 1

電気・トイレ・風呂・食べもの

——自分でできる困りごと解決

カーバッテリーとインバーターで電源を確保

酒巻良行（千葉県白子町）

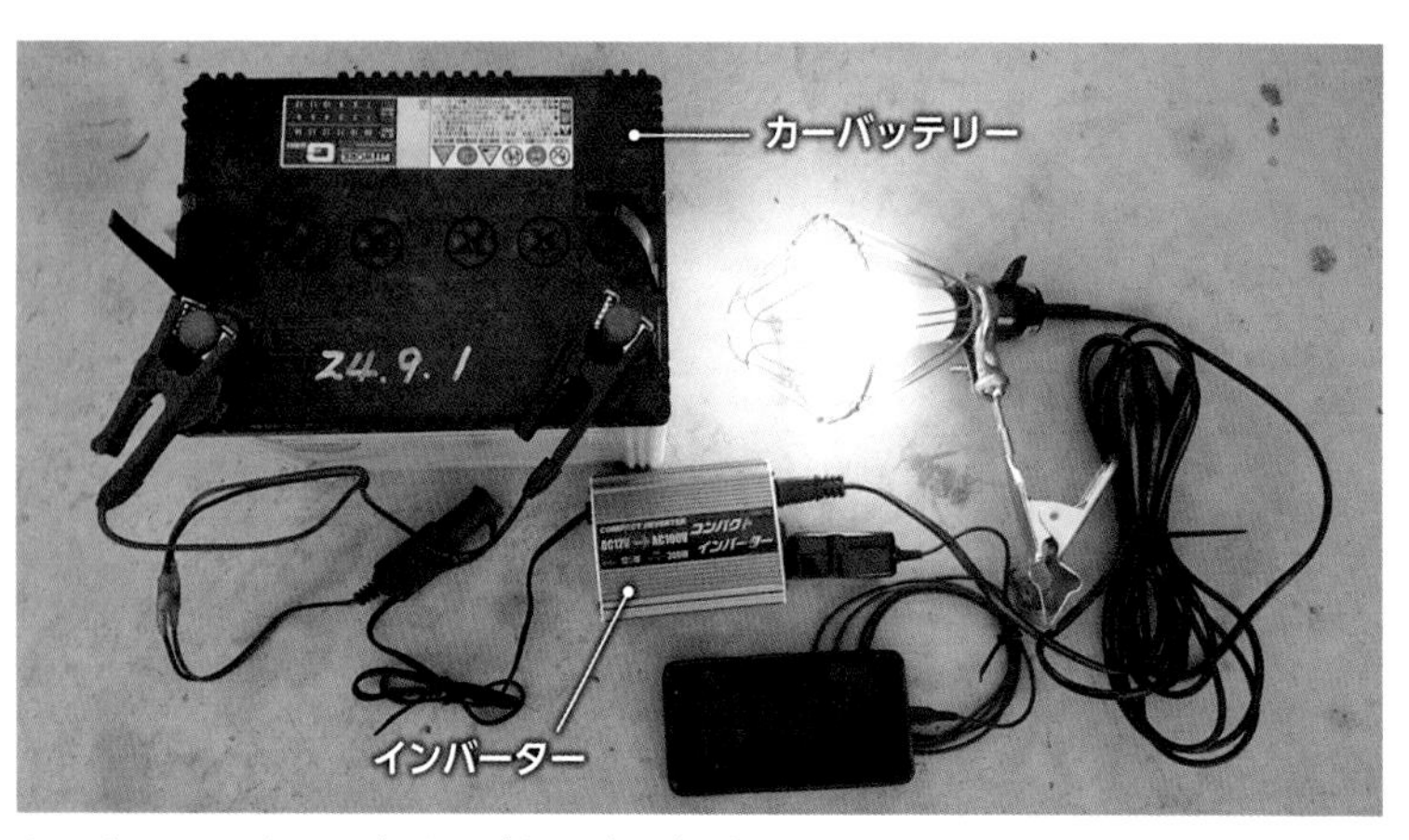

カーバッテリーとインバーターがあれば、ガス給湯器の他、スマホの充電や明かりを灯すこともできる

両親をお風呂に入れたい

２０１９年秋の台風15号は今までに経験したことのない強風で、わが家もカーポートの屋根が飛んだり、畑ではハウス４棟のビニールが破れ、タマネギ播種後に被せてあった黒寒冷紗が剥がされたりしました。

幸い、自宅は停電も断水もありませんでしたが、大網白里市の実家は電気が４日、水も３日間止まりました。台風の翌日以降は非常に暑く、年老いた両親が困ったのはお風呂でした。ガスは来ていましたが今のガス給湯器は電気制御で、水とガスと電気の三つが揃わないとお風呂には入れません。先に水が通ったので、ガス給湯器に電気さえ流せば、自宅のお風呂に入れてあげられると考えました。

バッテリーとインバーター

必要なのは「カーバッテリー」と「正弦波インバーター」。インバーターとは、車のバッテリーなどの電気（ＤＣ12Ｖ）を家庭用の電気（ＡＣ１００Ｖ）に変換してくれる機械です。精密機械にも使うことができ、３００Ｗまで対応できる物が、カー用品店やインターネットで８０００〜１万円で入手できます。

カーバッテリーは「60Ｂ24Ｌ」の製品を買いました。大きめの乗用車用のバッテリーで、わが家のホンダステップワゴンもこのサイズ。数字が大きいほど電気をためられる容量が多く、小型車には36Ｂとか40Ｂとかがついています。

Ｂというのは端子の大きさのことで、Ａ端子とかＤ端子もありますが、乗用車

左が筆者。自動車整備士、農業機械整備士１級の知識が活きた。九十九里町も断水したため、各種タンクに水を溜めて、友人に配ってもらったりもした

はほとんどB端子です。ちなみに24というのはバッテリーの箱の高さ。「L」は端子の位置（レフト）を示しています。

このサイズのカーバッテリーは６０００〜８０００円しますが、解体屋さんに行ったら２０００円で買えました。

インバーターにはバッテリークリップがついています。赤いクリップをバッテリーのプラスの端子に、黒いクリップをマイナス端子につなぎ、ガス給湯器のコンセントを抜いてインバーターに差し込むだけでお風呂が沸かせます。

今回動かしたガス給湯器は消費電力１１５Ｗと、あまり多くの電気を必要としません。とはいえ、少しでも電力を抑えるために、水を湯船に貯めて追い炊き機能を使いました。問題なくお湯が沸いて、両親はシャワーを使うこともできました。久しぶりに、自宅のお風呂にゆっくり浸かり、嬉しそうな両親の顔を見て、少しは親孝行できたかなと感じました。

お風呂の他、みんなが困っていたスマホの充電や夜の明かりを灯すこともできました。７Ｗ程度のＬＥＤ電球なら、結構明るくて長時間使えました。

簡易蓄電池として電気をシェア

農家には車はもちろん、農業用機械もあります。非常時には、エンジンをかけたトラクタなどのバッテリーにインバーターを接続すれば、発電機代わりにも使えます。大事に使えば、数日の停電ならば耐えられるはずです。

また、最近ではソーラーパネルを備えた農家も増えてきました。停電時は自立運転モードで使えるので、自動車用の12Ｖ充電器（８０００円程度）でカーバッテリーを充電し、簡易蓄電池としても使えます。持ち運びできるので、停電していない地域で充電してもらうという手もあります。電気のシェアです。

農家には電気の他、井戸やポンプ、燃料にお米や野菜などの食料、雨風が凌げる倉庫やハウス、その他さまざまな資材。そしてなにより、状況をさらによくしようとする工夫や向上心、何があってもタネを播き続けてきた根性があります。災害時には、農家が災害支援の重要な拠点になるかもしれないと思いました。

現在、酒巻農園は「農アミューズメントパーク たんぼぼランド」に活動を変更し、野菜の自然栽培のほか、災害時にスマホが充電できる１００Ｗのミニ太陽光発電にも取り組んでいます。

知っておきたい電気の基礎知識

電圧（V：ボルト）
電気を押し出す力。電圧が高ければ、たくさんの電流を流せる。家庭用の電圧は100V。

電流（A：アンペア）
押し出された電気量。**直流（DC）**と**交流（AC）**の2種類の流れ方がある。直流は常に一定方向に流れ、1.5V乾電池や12V自動車バッテリーのようなプラス極とマイナス極が固定されている。一方交流は方向と大きさが時間によって変化する。家庭用コンセントの電源は交流100V。

電力（W：ワット）
電流による単位時間当たりの仕事量。掃除機のモーターを動かしたり、ストーブの電熱器から発熱したりするのに必要な消費電力を表わし、以下の公式で計算できる。

電力（W）＝電圧（V）×電流（A）

スマホ充電に、照明に、大活躍のオフグリッドソーラー

三栗（みつくり）祐己（北海道札幌市・パーマカルチャー研究所）

筆者とオフグリッドに使う太陽光パネル（100W）。普段は後ろのプレハブ（仕事場）の壁に立てかけている

胆振東部地震でブラックアウト

北海道の山奥で「パーマカルチャー研究所」を運営する三栗祐己と申します。妻と息子、娘の4人でプレハブに住み、自給的な暮らしを始めて5年ほどになります。

2018年9月6日、北海道胆振東部地震が起きたときは、息子が小学4年生、娘は幼稚園の年長でした。午前3時過ぎ、大きな揺れを感じて家族全員が目を覚ましました。幸い、家も家族も無事でしたが、数分後に停電（ブラックアウト）が発生。わが家の電気の復旧には3日ほどかかりました。

オフグリッドソーラーの防災力

その間、三栗家ではどんな暮らしを送っていたかというと、エネルギーの自給自足用にとそろえておいた2基のミニソーラーシステムを電源にしていました。

一つはA4サイズの小さいソーラーパネル（約2万円で購入）。最大出力は7Wと小さいですが、パネルの裏面で単三電池4本を充電することができます。また、USBケーブルをつなげられるので、スマホの充電に使うこともできました。スマホがあれば地震や停電の現状を簡単に把握することができるし、単三電池で小型照明をつければ、真っ暗な夜もそれほど不安になることもありません。

もう一つの電源は、100Wのオフグリッドソーラーシステムです。①幅54cm×長さ121cmの太陽光パネル、②充電コントローラー、③自動車用12Vバッテリー、④インバーターなど一式は6万5000円ほどで購入したものです。各機器の接続には電気の基礎知識が多少必要になりますが、私の場合は前職が電気を扱う仕事でしたので抵抗はありませんでした（販売店からこの4点セットで購入すれば、接続に必要な電線や部品、説明書が付いてくるので、それほど迷うことはありません）。

このオフグリッドソーラーシステムで

オフグリッドソーラーシステムのしくみ

オフグリッドとは、電力会社の電線とは完全に切り離されていて、電力を自給自足している状態のこと。大きな電力をつくり出すことはできないが、非常用電源として使える。

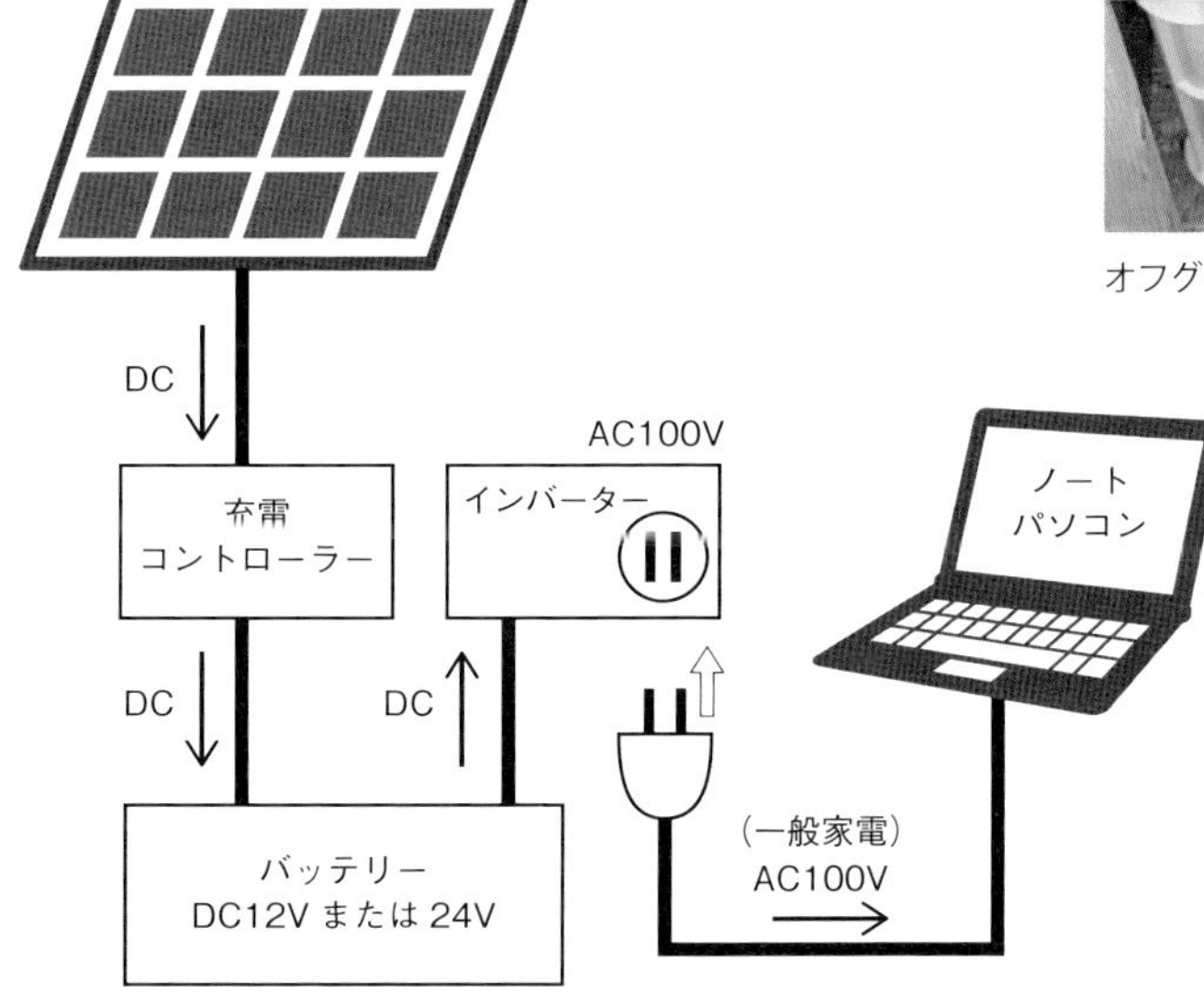

太陽光パネルの電力は充電コントローラーによってバッテリーに蓄えられ、インバーターを通して直流（DC）12Ｖもしくは24Ｖが交流（AC）100Ｖに変換され、一般の電化製品に送られる

充電
コントローラー
インバーター
中に12Vの鉛バッテリーが
2個入っている

オフグリッドソーラーの機器一式

ポータブル電源（PowerArQ2）は出力300Ｗ、家庭のコンセントからも充電可能。ＵＳＢやコンセントに電化製品をつないで利用できる。価格は税込5万9800円

つくった電気は、インバーターの上限が150Ｗだったことから、10Ｗのキッチンの照明はもちろん、ノートパソコンの充電（約40Ｗ）、ＤＩＹに使う電動工具の充電（約100Ｗ）、テレビや扇風機を動かすこともできました。

　ただ、洗濯機は消費する電気の量が大きく、このシステムではまかないきれないと判断し、手洗いで過ごしました。

電気に頼りすぎない暮らしも大事

　わが家が停電時にそれほど不便なく暮らせたのには、もう一つ理由があります。それは自給的な暮らしを進めるなかで、少しずつ電化製品を手放してきたからです。今回の胆振東部地震の前から、冷蔵庫、炊飯器、電子レンジ、ドライヤーなど、消費電力の大きな家電はことごとく使わない暮らしにシフトしてきていました。

　おかげで現在の月の電気代は1000円程度。ちょっと特殊な暮らしで参考になるかわかりませんが、普段から電気に頼りすぎない暮らしをしていると、いざというときにも動じずに乗り切ることができるのではないかと思います。

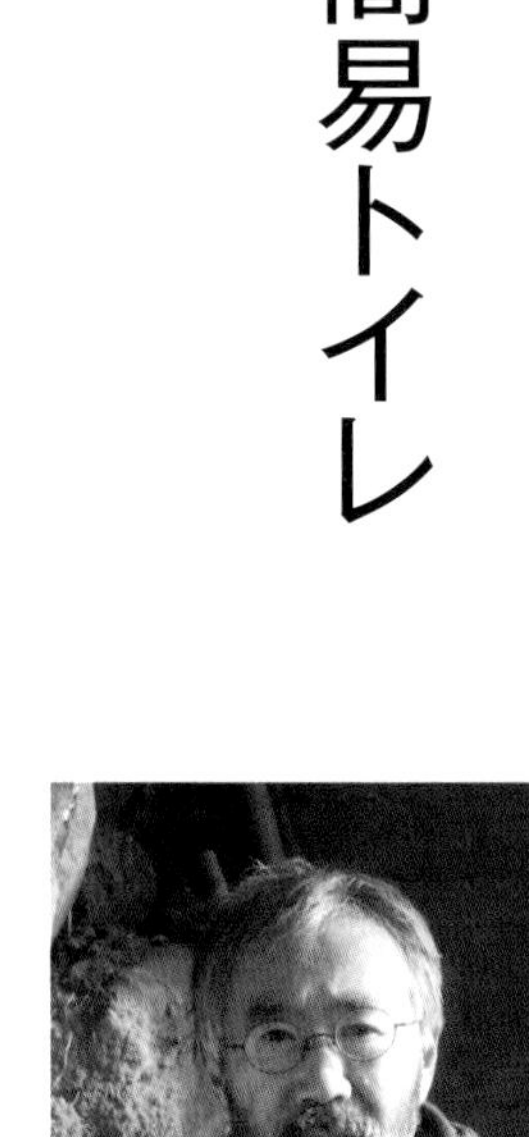

発酵利用の災害時簡易トイレ

笹村 出（沖縄県石垣市）

便座は木製、上部に便座の形に丸く切りぬいた板をつける

生ゴミコンポストと原理は同じ

「段ボールコンポストの堆肥づくり」を普段からやっていると、緊急時には即座にトイレとしても利用できます。日頃から災害時のためのトイレがあるということは、素晴らしく安心なことです。

段ボールコンポストは家庭で生ゴミを堆肥にする方法です。究極のゴミ処理法です。管理には少々コツが必要です。暮らしに取り入れて、技術を高めておいてください。じつは段ボールコンポストをやると、暮らしが楽しくなるのです。それは「命の循環」が見えるようになるからでしょう。

1日1kgまで処理できる

段ボールコンポストとまったく同じ要領で、災害時の段ボールトイレがつくれます（P17図）。好気性の微生物がウンコを分解し、消してくれるのです。

箱が段ボールですから耐久性が弱く、そのまま座れないのが欠点です。そこで木で丈夫な簡易便座をつくってください。座ることができれば、お年寄りでも使えます。

問題はうまく発酵が進まず、熱が出ない場合です。対策として①米ヌカや油粕を足す、②天ぷら廃油を加える、③段ボール箱を二重に重ねる、④発泡スチロール箱を使うなど、発熱の工夫をしてください。温度が上がると、どんどん生ゴミもウンコも消えてゆきます。

トイレは1日1kgまで投入可能です。ただ、尿はだめです。水分過多になるのでコンポストにはせず別に処理してくだ

段ボールトイレのつくり方

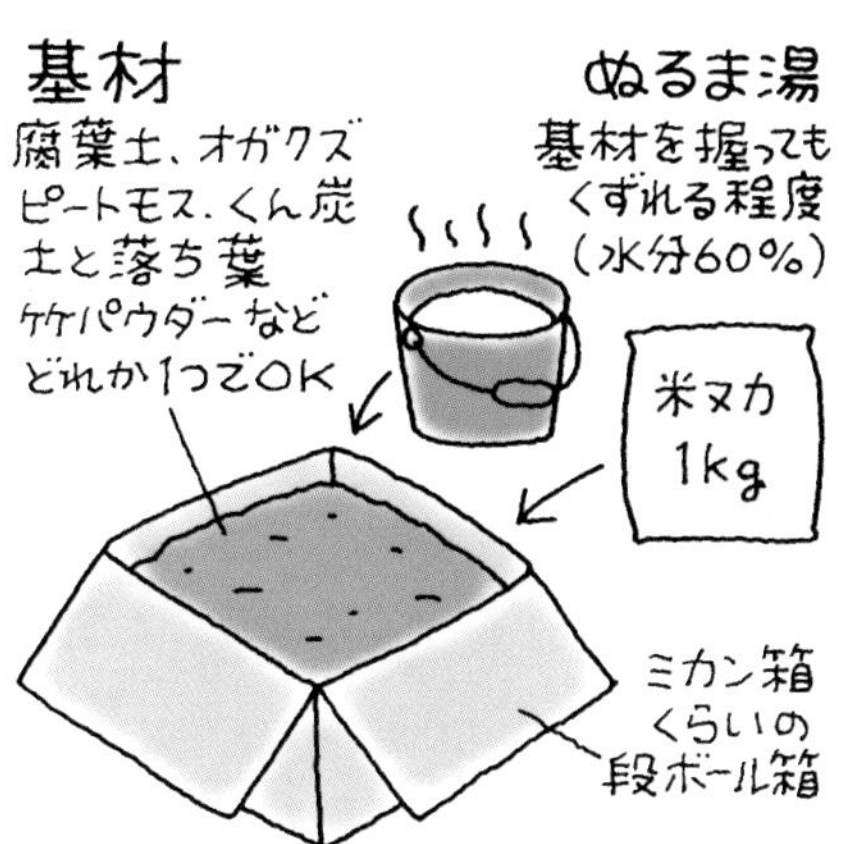

材料を混ぜ合わせ、しばらくして40℃以上に温度が上がったらトイレとして使える

ペットボトルの湯たんぽを入れたり、保温性のあるもので覆うと温度が早く上がりやすい

さい。紙も別の箱に入れて処理します。

使ったあとはよく混ぜて温度維持

堆肥づくりは、とくに温度管理が重要ですから、毎日基材の温度を測ってください。30℃を超えていれば大丈夫です。トイレを使ったら、その都度全体をよく混ぜて酸素を入れてやります。

これくらいかなという感覚より、さらによくかき混ぜるのがコツです。小さなシャベルで混ぜるのが普通ですが、熟達者になれば朝晩ゴム手袋をして、手で隅々までかき混ぜます。命の循環が見えてくると、汚くなくなるから不思議です。

手で混ぜるなら発泡スチロール箱の利用が可能です（シャベルだとスチロール材を傷つけてしまう）。木製のしゃもじで混ぜてもいいでしょう。発泡スチロール箱はよく消化してくれますし、保温性も抜群です。

基材の水分は常に60％に維持します。水分が多い場合は米ヌカや油粕を足して温度を上げます。基材の使用期間は熱が出る間の3カ月がめどです。終わった基材は堆肥として使えます。

ただし、虫が出るのが欠点です。トイレを使わないときは、箱に布でしっかりフタをしてください。温度を60℃までときどき上げれば虫は出ません。出てしまったときは、基材をビニール袋に入れて、日光に当ててください。しかし、虫と友達になり、毛嫌いしなくなるところまでゆくのが最善です。

発酵

好気性微生物（糸状菌、細菌、放線菌など）による好気発酵と、嫌気性微生物（酵母、細菌〈乳酸菌、光合成細菌〉など）による嫌気発酵がある。有機物の堆肥化（コンポスト化）やボカシ肥づくりは前者を、発酵食品やサイレージの製造は後者を利用したもの。

生ゴミ堆肥

残飯や野菜くずは堆肥成分が豊富。ただ、そのままだと水分とチッソ分が高すぎて堆肥化の際に腐敗してしまうことがある。まず水を切り、C／N比（炭素率）を20程度に調整し、好気性の微生物に気持ちよく働いてもらうことが良い堆肥の決め手。

防災対策の盲点 トイレ

三橋源一（三重県伊賀市・共衛）

夫婦２人、１週間分の排泄物（凝固剤なども含む）は33.6kg！

トイレは我慢できない

毎年のように多発する自然災害の状況を考えると、万一の場合に備えて一時的な避難生活を想定することが必要となってきます。その際、「食べる」ことには注意が向けられるのですが、「排泄する」ことは後回しになったり、手が回らなかったりするものです。

一般社団法人トイレ協会（以下、トイレ協会）の２０１７年の調査では、災害用トイレを備蓄している人の割合は２割にも達していません。じつに８割を超える人にトイレの備えがないのです。

人間は食料・水がなくても数日は耐えられるといわれます。しかし、排泄は１日も我慢できません。避難所生活では、恥ずかしさや移動の困難さなどからトイレを我慢して体調を崩す人が多いのです。

１週間の汚物ごみってどのくらい？

人間の排泄回数とその量について把握していきましょう。国の防災力強化を担う内閣府と、トイレ協会によると「人間は平均１日５回トイレに行く」とされます。一方、災害の備えとしてトイレは７日分の備蓄が推奨されています。仮に夫婦２人のトイレの回数を算出すると、70回分が必要になります。

排泄量で考えるとどうでしょう。自宅で１週間携帯トイレを使った事例では、大便は平均１日１回で、１回当たり男性が２５０g、女性が２００g、小便は１日５回で、１回当たり男性が３００mℓ、女性が２６０mℓでした。すなわち１日当たりの排泄物総量の平均は、男性が約１・８kg、女性が約１・５kgになります。

災害用トイレを備蓄していますか？

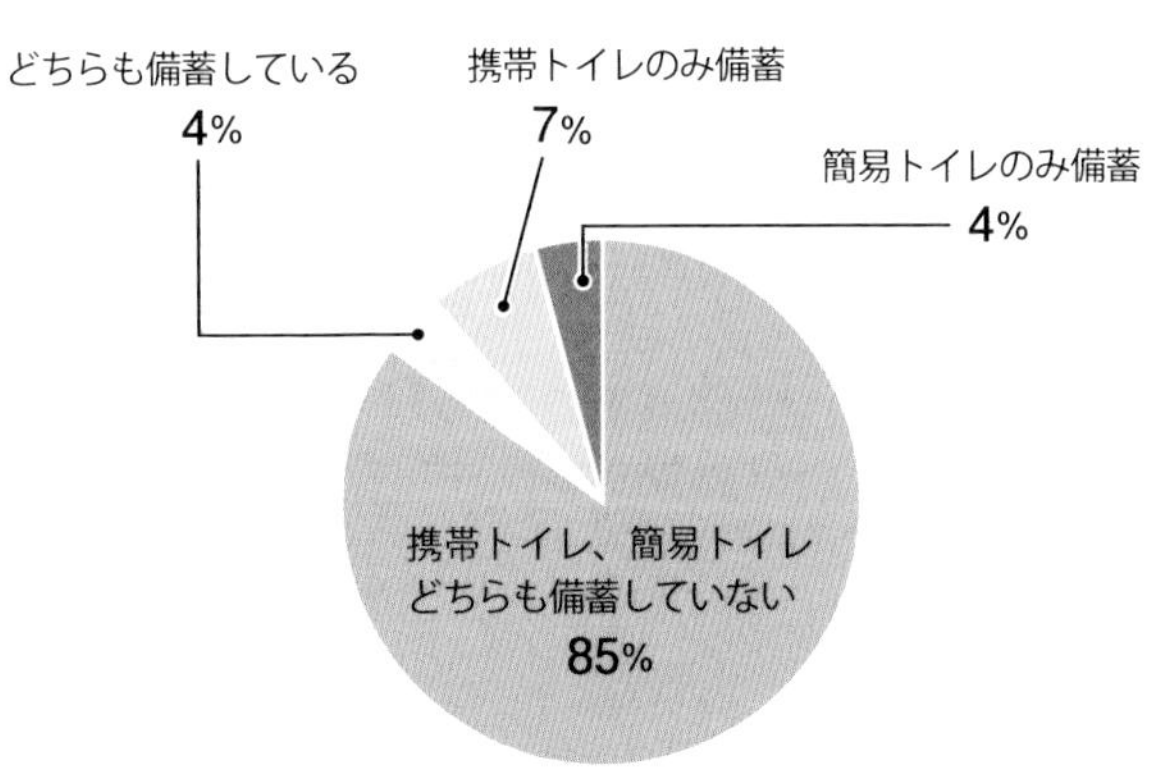

トイレ協会が2017年に実施した調査
日本全国10〜70代の男女300人がインターネットで回答

大人1000人、1週間分の排泄物（凝固剤なども含む）は16㎥以上！

凝固剤や携帯トイレのビニール袋などの重さも含めると、大人2人の1日当たりの汚物ごみは平均4・8kg、1週間で33・6kg。30ℓのごみ袋が満杯になり、相当な重さになることがイメージできるのではないでしょうか。排泄回数とその量にはもちろん個人差がありますが、災害時のトイレ事情を想像するうえで、ひとつの指標になると思います。

まず、携帯トイレを備える

現在、大半の家庭では水洗トイレを利用していると思います。排泄物を上水道を用いて下水道に流すのが水洗トイレのメカニズムです。災害で上下水道が甚大な被害を受ければ、トイレにも影響が出ます。

上水道のみ使えない場合は、お風呂の残り湯などを活用すれば、排泄物を流すことができます。しかし、断水や排水不可で上下水道が使えない場合は、トイレが汚物で溢れてしまいます。

このような状況下では、ビニール袋に排泄した後、それをしばり、密閉できる容器や袋に汚物を移動させる災害用トイレが有効です。さまざまな種類がありますが、まず携帯トイレを家庭に備えるのが基本です。携帯トイレは既存の便座にかぶせて使用します。

大事なのはそれを廃棄するところまで考えておくことです。防臭、除菌、保管、処理を検討しなくてはいけません。そのため、携帯トイレそのものを準備する他に、消臭剤、除菌シート、廃棄用の防臭袋ＢＯＳ（クリロン化成）が最低限必要です。また、ベランダなど、1週間分の汚物ごみを保管する場所をあらかじめ決めておく必要があります。

不十分な避難所のトイレ対策

次に、避難所の規模で汚物ごみを考えてみましょう。災害時の避難所は地域の小中学校がメインとなり、その収容人数は平均1000人程度となります。

必要なトイレ数の目安は、25人に1台のトイレ（大便器）が割り当てられると苦情が出ないといわれます。また、その男女比は1：3となります。40台のトイレ（大便器）のうち、10台を男性用、30台を女性用に割り当てるということです。

発生する汚物ごみの量は、1人1日2・4kgですから、これを1000人1週間分とすると、1万6800kgになります。仮に大半が水分由来ということでそのまま体積に換算すると16・8㎥。これは、学校などにある1㎥ブロックの受水槽が平面に2×4個かつ2段重ねとなっているものより多い分量と想像できます。

　イラスト＝河本徹朗

携帯トイレの使い方

図提供＝㈱総合サービス

便座を包むようにセット　便座に座って使用　袋上部が切れて結びヒモになる。使用前に切ってもよい　中の空気を抜いてヒモで結ぶ

ワンポイントアドバイス

携帯トイレは、袋の角が下になるように傾けて便座に設置すると、便袋をしばる際に排泄物を袋の外から手で寄せなくても小さくなりやすい。しばった後の余りの部分は切り落とすと、汚物ゴミをまとめる袋や容器に多く入れられる

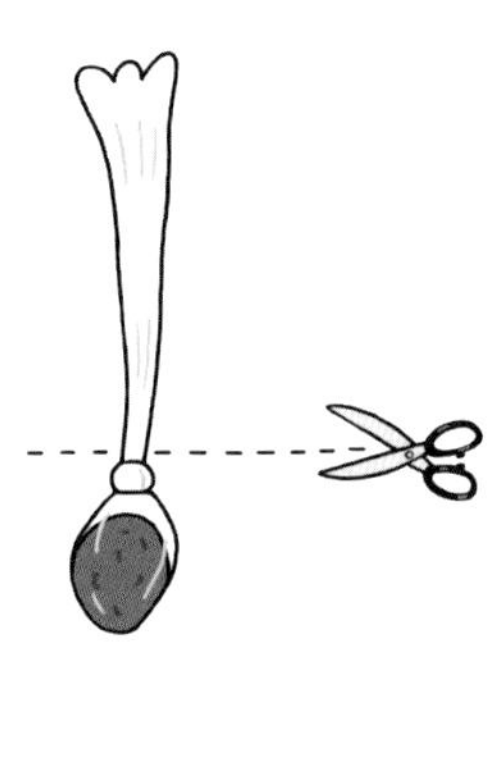

悪臭や感染症予防のためにも、敷地内のどの部分に集積しておくかをあらかじめ決めておかねばなりませんが、そこまで検討している避難所はほぼないのが現状です。また、小中学校の清掃資機材は劣化しているものが多いうえ、サイズも子ども用につくられているため使いにくく、有事の際には体の負担になることも予想されます。

まずは携帯トイレを使ってみる

トイレの備蓄に関しての世間の認識は依然低い状態のままであり、なかなか改善が進んでいません。とはいえ、ここ日本で災害は増えており、避難生活を余儀なくされる可能性は誰にでもあります。

こうした状況の中、まずは自宅で、トイレの電気を消した状態で、携帯トイレを2～3日使用してみることをお勧めします。上下水道や電気などのインフラが使えない場合を想定してトイレや汚物ごみの管理をやってみることが大切です。

携帯トイレを使うことに慣れることは、災害時にそれを使える安心感を持つことでもあります。備蓄のみならず、ぜひ練習を繰り返して災害に備えましょう。

一斗缶でつくる「缶易（かんい）トイレ」

三浦洋子（三重県松阪市・防災ボランティア「春告鳥（はるつげどり）」）

段ボール棒
便座
フタ
一斗缶
（高さ35㎝）

フタ付きの災害時用缶易トイレ。段ボールを丸めた棒で便座を補強する

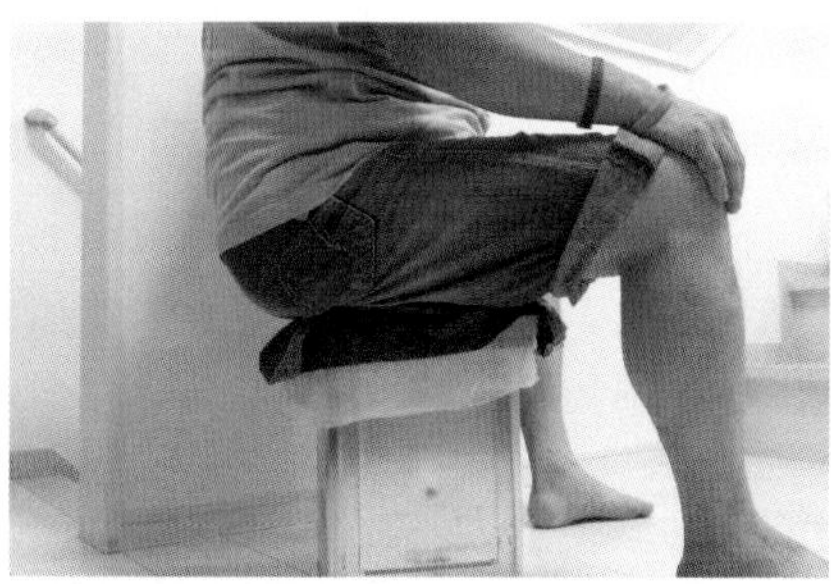

使用のイメージ。100㎏程度の重さにも耐えられる

排泄物が漏れないようにポリ袋は常に2重にして設置。使用後は内袋のみ取り出す（自治体のルールに従って処理）

災害でインフラがストップすると水の確保が困難になります。トイレの水も流せないので衛生環境が悪化し、様々な病気を発症する危険性があります。排泄の回数を減らそうと水分補給を減らした結果、脱水症などを引き起こすケースも少なくありません。そこで、防災ボランティアの春告鳥では一斗缶と段ボールで簡単に手づくりできる、名付けて「缶易トイレ」を考案しました。

以下、つくり方です。①まず、一斗缶の高さに段ボールを切り、直径5㎝程度に巻いてテープ留めした段ボール棒を10～12本作成。これを缶内の両サイドに隙間なく縦1列に並べてテープでしっかり固定します。②次に、缶の上部を覆うように段ボールを被せ、中央部分をカッターで切り抜いて便座をつくります。③最後に、便座に被せるフタも段ボールでつくれば完成です。

使用する際は、缶の中にポリ袋を2枚重ねにして市販の凝固剤を入れます。排泄後は内袋のみ取り出し、密封してごみに出します。衛生面を考え、内袋は1回ごとに替えるのが望ましいです。凝固剤代わりに紙おむつの吸水ポリマーや猫のトイレ砂、新聞紙なども利用できます。

最高！手づくり五右衛門風呂

原田加代子（福岡県朝倉市・コロコロ梨工房）

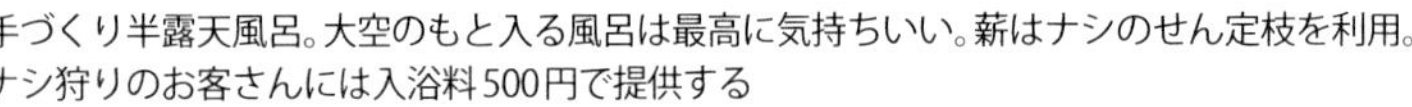
手づくり半露天風呂。大空のもと入る風呂は最高に気持ちいい。薪はナシのせん定枝を利用。ナシ狩りのお客さんには入浴料500円で提供する

２００２年、観光ナシ狩り園を始めた私たち家族は、ナシ狩りの他にも、何かお客さんに喜んでもらえるものはないかと考え、直売所の駐車場の一角に二つの五右衛門風呂をつくりました。まわりには民家がなく、高台で景色もいいので半露天にするには最適です。

風呂釜は、一つは親戚が昔住んでいた家のものをいただき、もう一つはインターネットで調べて広島から取り寄せました。

父の話では、熱を逃がさず、煙を上手に外に出す構造にすることで、風呂が沸くまでの時間をかなり短縮できるということだったので、近所の五右衛門風呂づくりの経験者に手伝ってもらいました。以下が、設計の手順です。

五右衛門風呂のつくり方

①まず、レンガで風呂釜を置く土台を設計。薪をくべる焚き口と煙の抜け道を確保しながら、レンガを積み上げ、釜を載せて固定します。このとき、レンガとレンガをつなぐセメントに、石灰と砂、

五右衛門風呂のつくり方

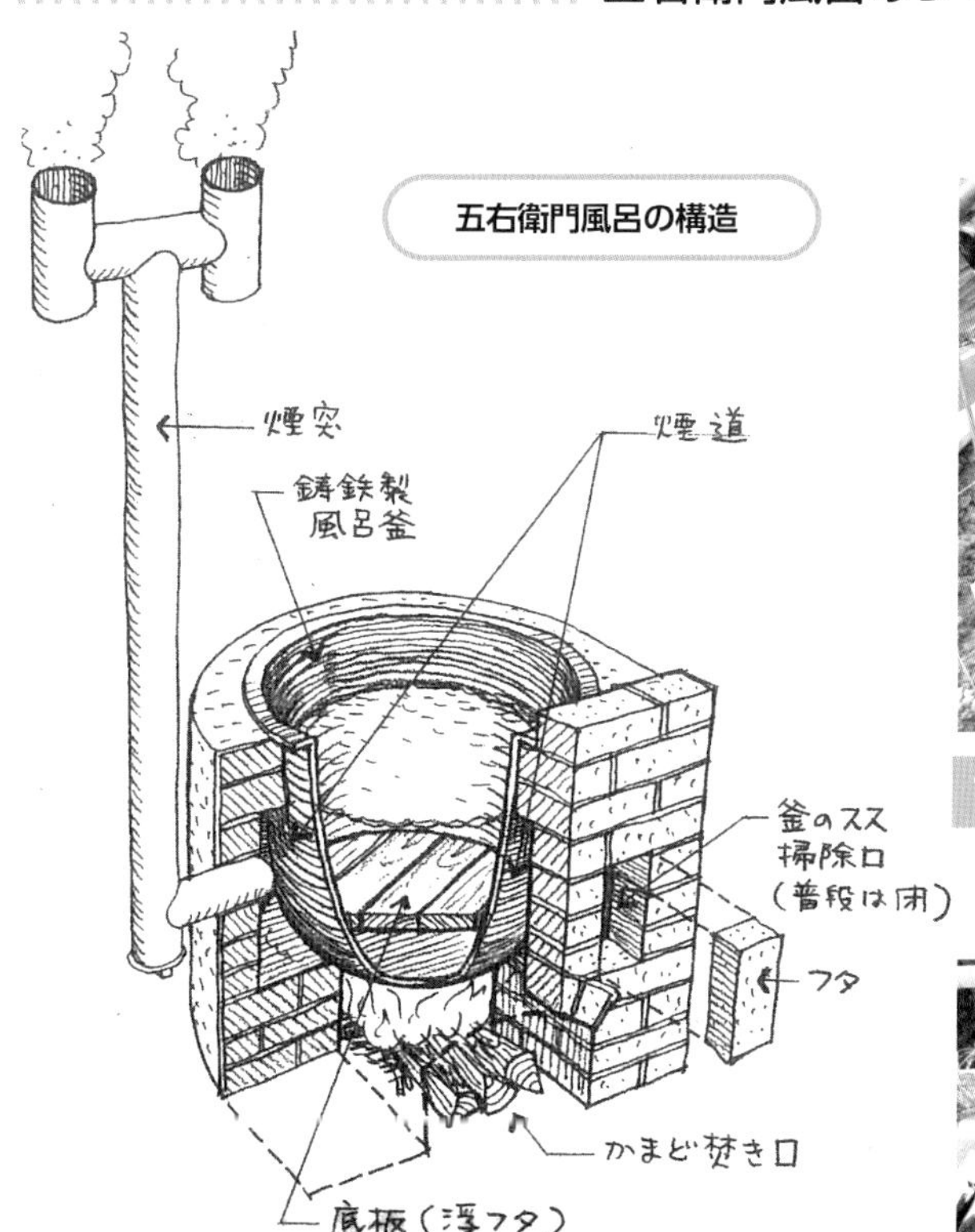

1 レンガで釜を置く土台をつくる。薪をくべるスペースを確保し、釜を載せる

2 煙の抜け道を確保し、レンガを積み上げて釜を固定する。風呂のまわりに川石を敷き詰め、煙突を付ければ完成

3 2の写真を裏側から見たところ

赤土を混ぜるのが重要なポイントです。セメントだけでは熱に弱く、割れやすいからです。

②つぎに、脱衣所と洗い場をセメントで固めました。お風呂と洗い場のまわりには、近くの川で拾ってきた川石を敷き詰めて岩風呂風にしました。

③屋根と囲いは、山からスギや竹を切り出して制作。お風呂のフタ、踏み板（釜の底に敷く板）をつくり、最後に煙突を付けたらでき上がりです。

五右衛門風呂が完成し、初めて薪をくべ、煙突から煙が出たときは、家族みんな大喜びでした。

着火からお湯が沸くまで20分

風呂が沸くのは、着火から約20分。スイッチを押すだけでお湯が出る時代に育った子どもたちにとっては、新鮮でワクワクします。

風呂に入るときも、踏み板を踏みながら沈めるときのドキドキ感や、釜に触れる背中がだんだん熱くなる感覚……、初めての経験がたくさんできると思います。

　イラスト＝松本 徹

3万円で自作した太陽熱温水器でアツアツの風呂

近藤宏行（三重県松阪市）

太陽熱温水器というと、縦型のものが多いようですが、私は横型につくってみました。こうすることで横に長い屋根のスペースをより有効に使えるからです。塩ビ管はスプレーで黒く塗装し、吸熱しやすくしています。また、管の周囲に農業用ビニールを張ることで温室構造をつくり、熱を逃がさないように工夫しました。製作費用は3万円程度です。

晴天の朝、給水側のバルブを開けて水道の蛇口から温水器に注水。満水になると一番上の缶か管からオーバーフローして水が落ちてくるので、蛇口を閉めて給水側のバルブも閉めます。

夕方になったら、風呂釜上の排水バルブを開けて、温水を投入。バルブをひねれば、自重で温水が落ちてきます。夏は60℃、冬は40℃近くまで上がり、薪の節約にもなります。

製作の手順

①塩ビ管を必要な長さに切断。
②VU100用の蓋に穴をあけ、バルブソケットを挿し込んでソケットをつなぐ。
③スプレーで塩ビ管を黒く塗装。
④満水時にオーバーフローさせるため、一番上に設置するVU100に小さな穴をあける。
⑤屋根の上に角材で土台をつくり、VU100を固定。チーズやエルボーで各塩ビ管をつなげる。
⑥給水口は水道の蛇口に、排水口は風呂釜へとつなげ、ともにゲートバルブを設置。
⑦温水器を農業用ビニールで覆う（角材で固定）。

システムの概略図

約170ℓの水を温めるには、3.7mのVU100が5本あればいい

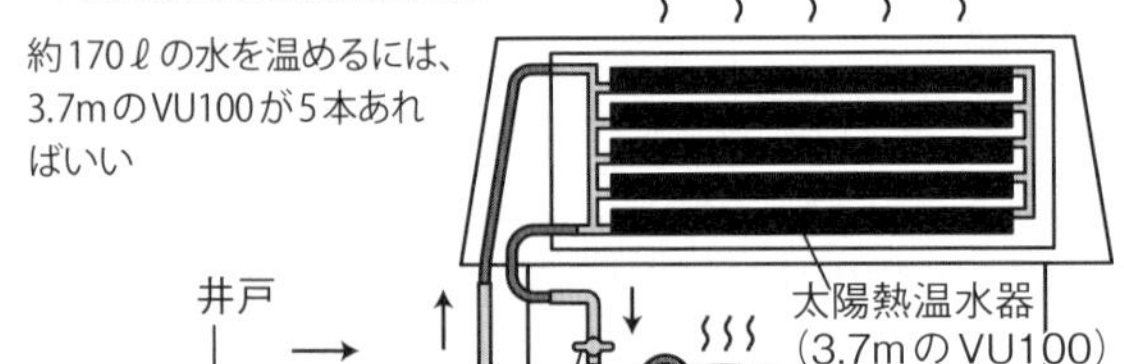

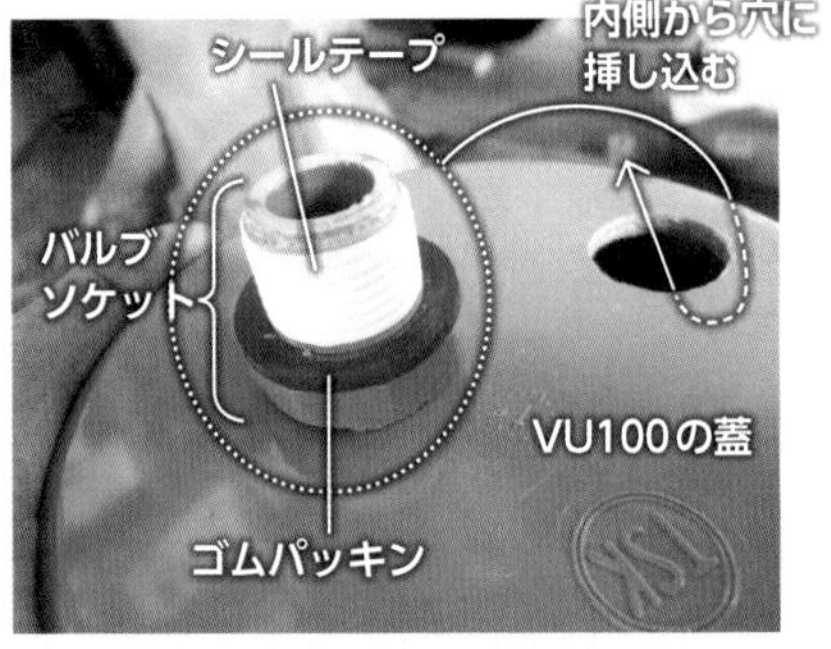

VU100の端。穴をあけ、内側からバルブソケットを挿してソケットをつなげる。水が漏れないよう、パッキンをかまし、ソケットとの接合部にはテープを巻いた（手順②）

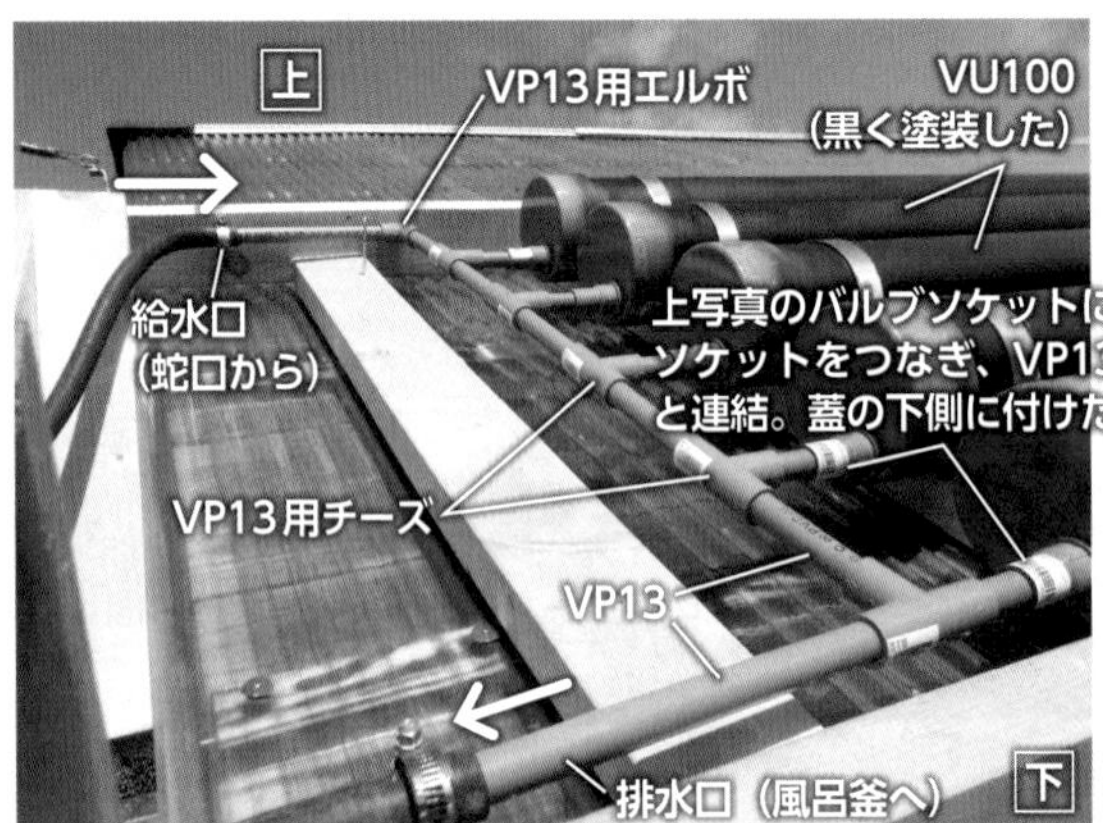

温水器の左端。塩ビ管同士は基本的に専用ボンドで接続。温水を残らず排水するため、VU100の左側をほんの少し低く傾け、左端のソケットはVU100の蓋の下側に付けた（右端では上側に付けた）

一番上のVU100にあけた穴からオーバーフロー（手順④）。給水時、満水になったことが一目でわかり、水圧で壊れることもない。真空圧の発生もなくなり、排水もスムーズ

廃材を薪に移動式薪ボイラーで風呂支援

深澤 光（岩手県遠野農林振興センター）

U字溝やドラム缶を組み合わせた焚き火ボイラーかまど

ドラム缶かまどの給湯支援から

東日本大震災直後の津波被災地には、流失・破壊された住宅を中心としたおびただしい量のがれき木材があることが報道で伝えられていた。4月中旬頃までの被災地では、まず暖をとるために、調理をするために、被災者自らがそれらのがれき木材を集めてきて焚き火をしていた。

筆者が勤務する遠野農林振興センターでは、沿岸津波被災地への食料や生活必需品の支援が一段落した頃から、避難所を巡りながら簡易なドラム缶かまどの設置による給湯支援を始めた。そうしている間に、東京と新潟のボイラーメーカーから、「薪ボイラーを被災地に送りたい」との申し出があり、3月22日までには2台の薪ボイラーが遠野市に届けられた。

薪ボイラー車で風呂の湯を供給

提供された薪ボイラーは、1基のボイラーがフル稼働すれば2000〜3000リットルの水をだいたい1時間で50℃まで沸かすことができるすぐれものであった。これを活かすため、避難所などで風呂桶と水を用意しておいてもらい、現地でがれき廃材薪を使って数時間で湯を沸かし、避難所などを回って風呂の湯を供給するという「移動式薪ボイラー車」を考えた。NPO法人土佐の森・救援隊や岩手・木質バイオマス研究会でつながる全国の会員、団体や地元の企業の協力により、4月の初めには2台の移動式薪ボイラー車が完成し、大槌町吉里吉里（きりきり）地区で風呂の支援が始まった。

熱エネの見直しが始まった

4月後半になってもなお寒さがきびしかった被災地では、薪風呂の温もりは喜ばれ、2〜3週間ぶりに風呂に入った被災地の方々からは、「生き返る気分」「一生忘れない」などの感謝の言葉をかけられた。3月末時点で吉里吉里地区だけで2300人の被災者の方々が風呂に入れない状況にあったことなどから、結果的には、吉里吉里地区内でのがれき廃材薪による風呂支援は8月上旬まで続いた。

1日10tにおよぶ風呂を沸かすための水は、初めは自衛隊に、その後は神戸市水道局に給水していただいた。

そうするうち、薪ボイラーによる給湯支援を見ていた被災者の方々のなかに、木質バイオマスエネルギー利用を見直す機運が生まれた。かつて薪炭生産地であったこの地域では、半世紀前には裏山に通って集めた薪で調理や暖房、風呂焚きをするのは当たり前だった。忘れ去られていたエネルギーを地域のなかにある森から自給する暮らしを、未曽有の津波災害が人びとに思い出させてくれた。

図解

身近なもので 天然石鹸

まとめ＝編集部

泡を出す 身近な植物たち

石鹸が手に入りにくかった時代には、植物由来の「天然石鹸」を上手に利用していたようだ。

大豆の煮汁で洗う

大豆を煮ると泡が立つ。この煮汁をスポンジにしみ込ませて食器を洗うと、汚れがよく落ちる。衣類を洗うときは、洗剤に加えて40ℓの洗濯機へ2ℓほど投入すると、洗い上がりが真っ白になる

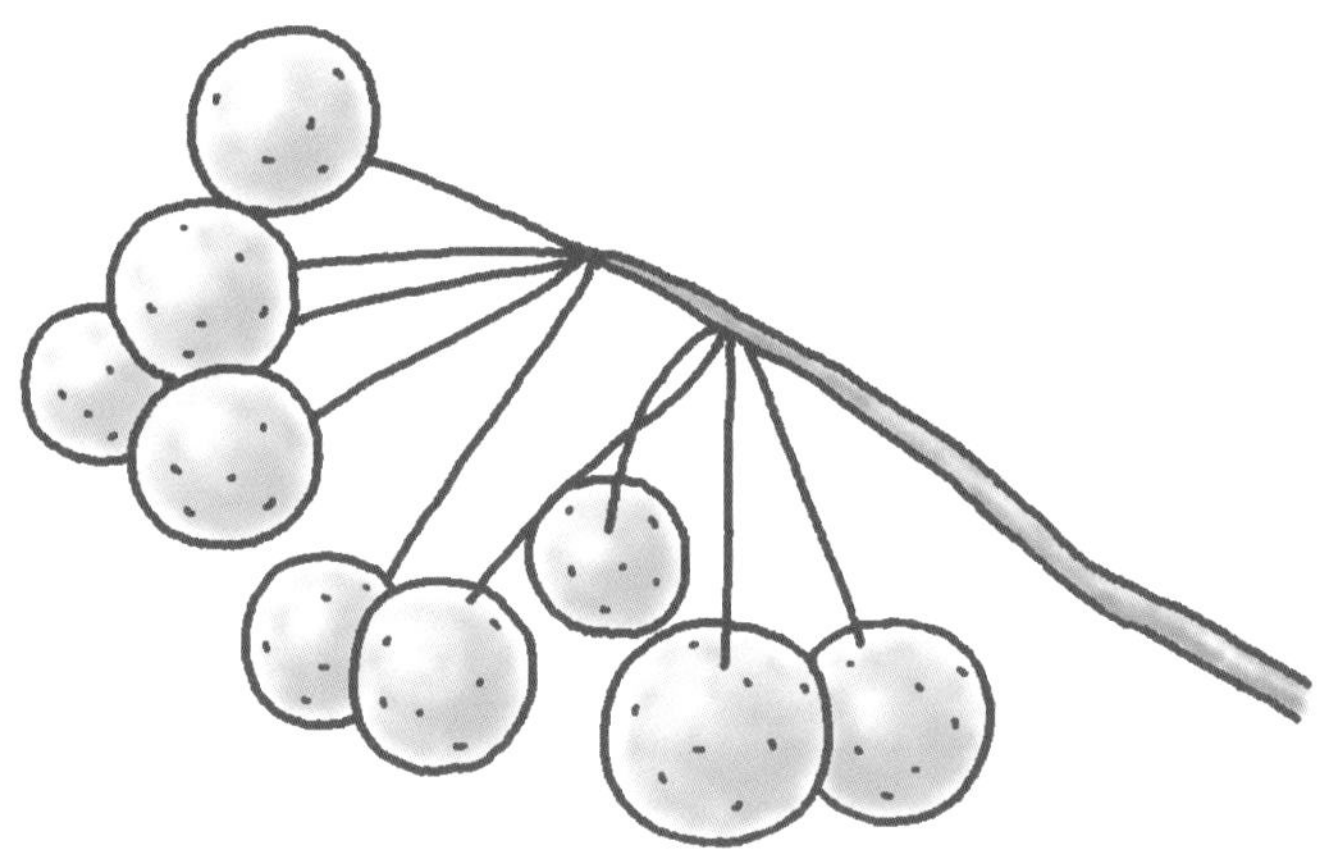

ムクロジの果皮で洗う

英語でソープナッツというほど果皮が泡立つ。平安時代から使われ、家の周囲によく植えられた。500mℓの水で5〜6粒を10分ほど煮出し、タオルなどで濾せば食器用洗剤として使える

果皮を細かく切って、ペットボトルに入れて振ると勢いよく泡立つ

ムクロジ：ムクロジ科。新潟以南の各地に分布。秋に実がなり、固いタネは羽子板の羽根の玉に利用される

サイカチの莢で洗う

戦後まで石鹸の代用品として広く利用されていた。莢を切ってぬるま湯の中で軽くもむと、石鹸水のように泡立つ

莢を浸けた液をスポンジにしみ込ませて食器洗いに、しっかり濾してゴミを除けば体洗いにも使える

サイカチ：マメ科。中部以西に分布。秋にねじれた莢をつける。新芽は塩ゆでして食用とされる

セイタカアワダチソウで泡風呂

なんと、セイタカアワダチソウで泡風呂が楽しめる。葉、茎、花を細かく刻んで布袋に入れ、魔法瓶の中のお湯で6時間ほどかけてエキスを濾し出す。このエキスをバスタブに入れてからお湯を入れると泡がモコモコと発生する

セイタカアワダチソウ:キク科。北アメリカ原産。秋に黄色い花を一斉に咲かせる

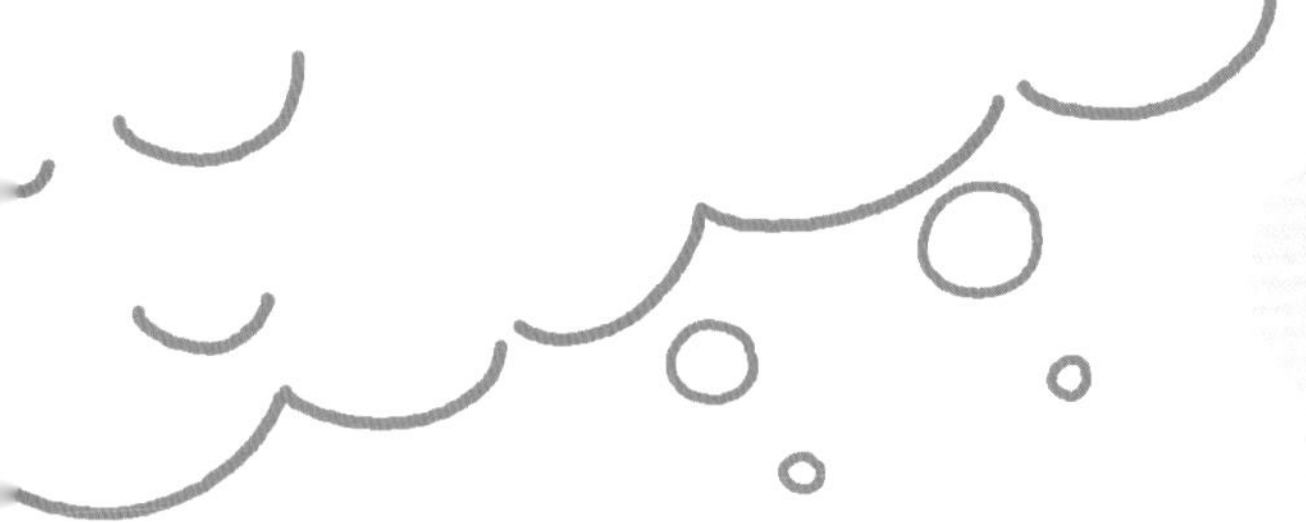

どうして泡立つ？ なぜ洗える？

26〜27ページの泡あわは、すべて天然成分「サポニン」のしわざ。

サポニンは油を水に溶かす

サポニンは水と油のどちらにもなじむ「界面活性剤」としての性質を持つ。「水と油」の言葉通り、油汚れはそのままでは水に溶けないが、サポニンが間に立つと、油が水になじんで水中に分散し、汚れが流れ落ちる

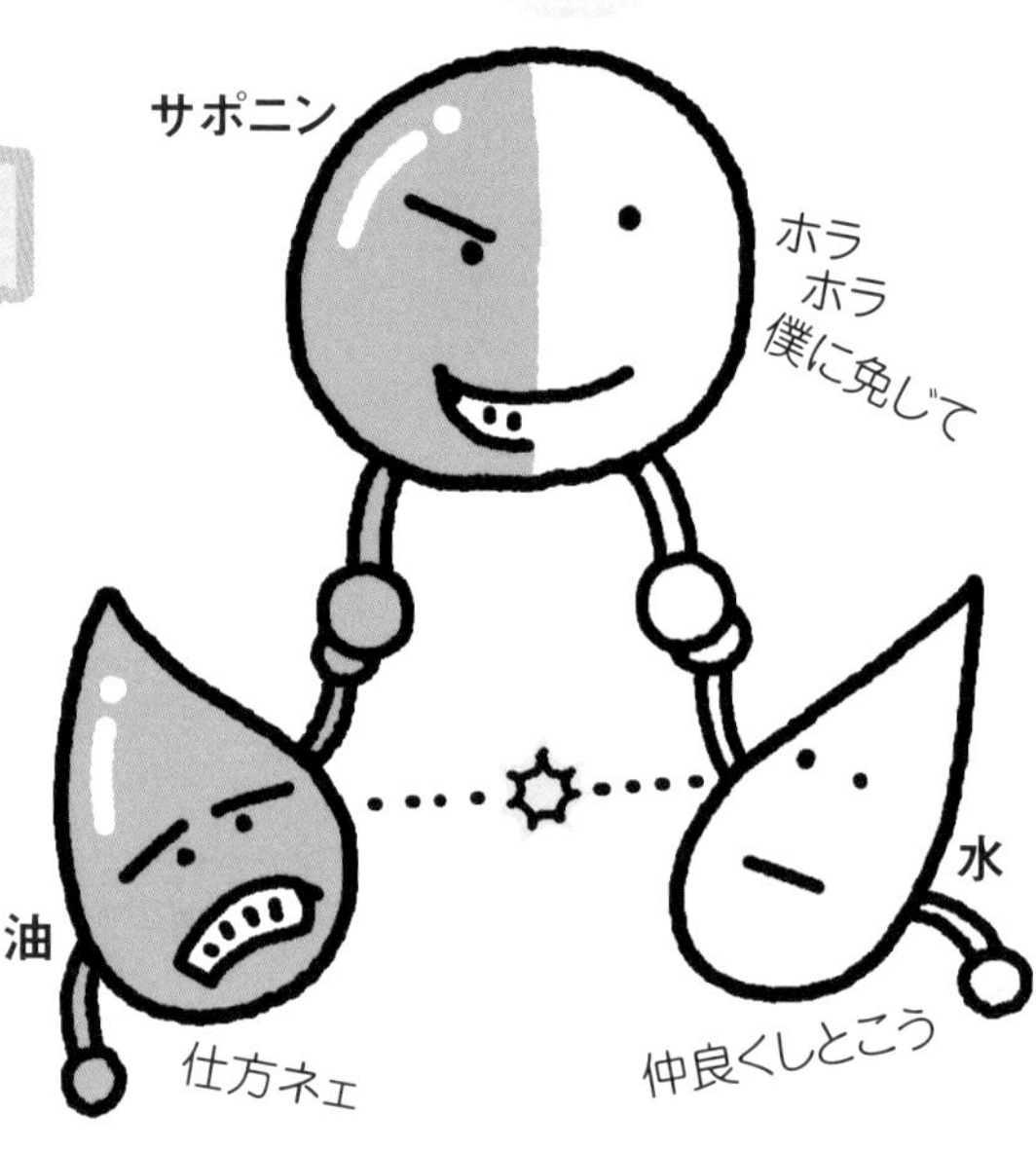

植物にとって重要なサポニン

多くの植物がサポニンを体内で利用している。サポニンは細胞を破壊できるため、虫や菌から植物を防衛する働きなどを担う

サポニンを含む主な植物

- **茶**…茶の泡立ちは葉のサポニン。実はシャンプーになる
- **エゴノキ**…毒性の強いサポニンを持つため、実を使って魚を気絶させるのに使われた
- **ウチワサボテン**…語源はシャボン（石鹸）。戦国時代、南蛮人が汚れを拭くのに使っていた

植物は灰になっても汚れを落とす

サポニンだけではない。植物は燃えて灰になった後も汚れを落とす。江戸時代には灰汁桶というものが各家庭にあり、灰の上澄みを集め、洗濯に使っていた。

アルカリが油と結びついて界面活性剤になる仕組み

灰のアルカリの2つの働き

アルカリは2つの働きで汚れを落とす

①灰のアルカリ成分のカリウムが油汚れにくっつくと、水になじむカリウム部分と油になじむ油部分を持つ、「即席の界面活性剤」が誕生。敵だった油汚れが味方となって、他の油汚れも落としてくれる

②アルカリはタンパク質を分解する働きを持ち、垢や血液などの汚れもよく落とす

廃油石鹸も仕組みは同じ

じつは、手づくりの廃油石鹸もアルカリ(苛性ソーダ)と油(廃油)の反応でつくられる界面活性剤。江戸時代の灰の利用と仕組みは同じ。灰も、廃油石鹸も、サポニンも、すべて界面活性剤の働きを利用したものだ

超簡単！ポリ袋調理で防災食をつくる

古屋均美（ひとみ）（石川県七尾町）

ポリ袋調理は袋に材料を入れ、お湯（90℃台）に入れるだけ

ポリ袋は「アイラップ」（岩谷マテリアル株式会社）がおすすめ。縦35㎝、横25㎝、耐熱120℃の袋で60枚入りで100円程度

私が提案する「防災食」は、「災害が起きたら、持ち寄ったものを食べられるようにして生き抜く」が基本です。味付けはどこにでもある「めんつゆ」を使用し、ペットボトルのキャップで計量。キャップの容量は7㎖、小さじ1杯は5㎖です。また、一般的な紙コップは200㎖程度で計量カップ代わりになります。米1に対して1・3〜1・5倍の水を加えればご飯が炊けます。

　ポリ袋に材料と調味料を入れて湯煎で火を通す「ポリ袋調理」なら、一つの鍋に複数の防災食の袋を入れて一度につくることができます。米は洗わず、切り干しダイコンやひじき、麩も戻しません。スパゲティや乾麺も水といっしょに袋に入れて調理できるのでとっても簡単です。

　高齢者は避難生活が続くと胃腸が弱ってきますよね。ポリ袋調理は、加熱時間を長くすれば軟らかい料理もつくれます。人によってはアレルギー対応も必要です。アレルギーを起こす食材を抜いたポリ袋には目印としてカラーゴムを巻いておけば、一般の食事とまとめて湯煎できます。

著者（手前右）は元学校給食の調理師。JA女性部や公民館で防災食講座の講師を務める

ポリ袋調理の手順

1 袋に材料と調味料を入れる

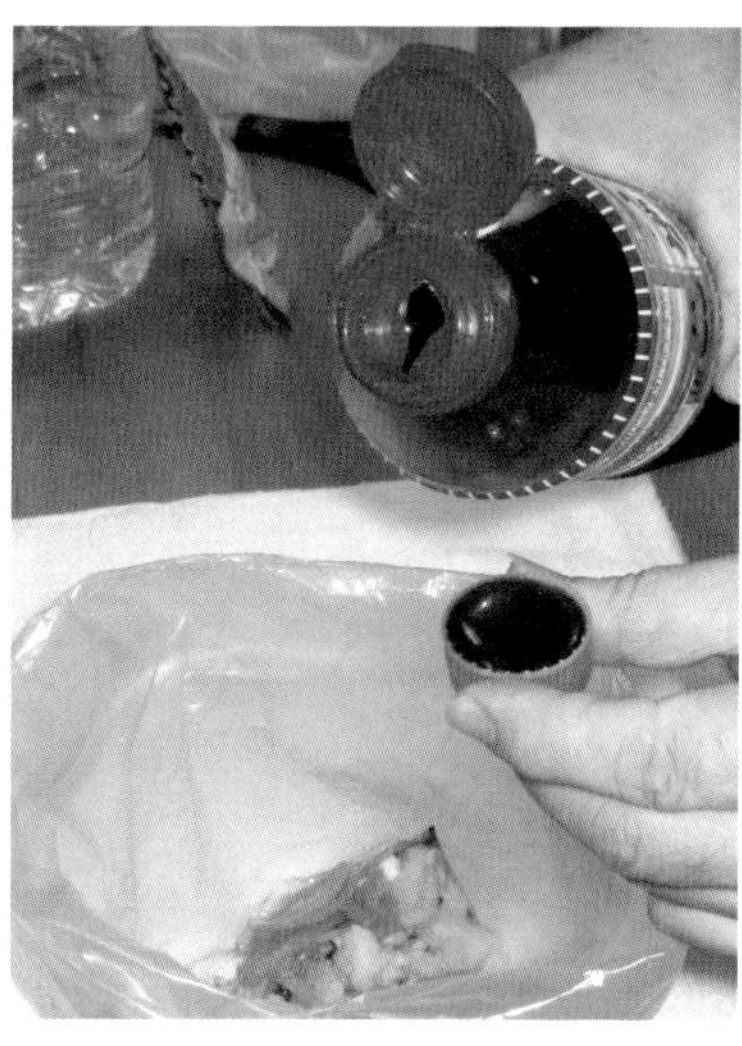

1人分の食材とキャップで計量しためんつゆを袋に入れる。めんつゆは、醤油、砂糖、みりんなどがバランスよく配合されている。まさに万能調味料！

2 袋の空気を抜く

空気を抜くことで熱伝導率がアップ。材料に火が通りやすくなるので、肉や魚がやわらかく仕上がります

ボウルなどの容器に水をため、袋を沈めて水圧で空気を抜いていく

袋の口をねじってグルグル巻きにし、先端のほうでしっかり結ぶ。このとき袋の中に空気が入り込まないように注意する

3 鍋に入れる

鍋の5分の1ほど水を入れ、沸騰したらとろ火にして袋を入れる。指定の加熱時間温めれば完成

加熱時間が長い料理の袋から先に鍋に入れれば、複数の料理が同時に仕上がります

ひじきご飯のおにぎりの出来上がり。紙でつくった器に袋を広げて食べる

ポリ袋調理のレシピ

ひじきご飯（加熱時間35分）

材料（1人分）

米（紙コップの半分弱）、水130～150㎖、ひじき小さじ2、ニンジン（スライサーで5回ほど）、油揚げ3ちぎり、めんつゆ（ボトルキャップ1～2杯）

★米はあらかじめ水に20分ほど浸してから、食材を混ぜる

蒸しパン（加熱時間40分）

材料（1人分）

卵1個、牛乳100㎖、ホットケーキミックス100g

★蒸しパンがしぼむのを防ぐため、鍋から出したらすぐに袋の口を開ける

ハクサイのあんかけ（加熱時間10分）

材料（1人分）

ハクサイ葉1枚、カニカマ1本、めんつゆ（ボトルキャップ1弱）、片栗粉小さじ1

野山の「防災植物」のおいしい食べ方

斉藤香織（高知県四万十市・日本防災食物協会事務局）

野草のピザ　生地が焼けたら上に野草をトッピング。何を使ってもいいが、写真はカキドオシとミゾソバ

カラスノエンドウ　つるで巻きついてぐんぐん伸びる。さっと湯がいてゴマ和えに。食べやすく子どもにも大人気

シロツメクサ　おなじみのクローバ。茎が硬かったら取り除く。卵に混ぜてオムレツや卵とじに

日本防災植物協会事務局
bowsai.plant@gmail.com
高知県四万十市入田3205番地
☎090-2625-8370

みなさんこんにちは。突然ですが、ボウサイショクブツって聞いたことありますか？

近年自然災害が多発し、世界各地で予想できない甚大な被害が起きていますが、防災植物とは、「災害時に食料難になった時も、山野に自生する植物の中から、安全で簡易に食利用できる植物」と定義しています。

日本には昔から野草を食べる伝統文化があります。特に冬は野菜の種類が少ないので、初春の野草を摘み、その生命力を取り入れ邪気を払うという風習がありました。1月7日に七草粥を食べるのはその名残ですが、これら春の七草も防災植物の仲間です。

まわりの自然を知ることこそが防災力

「防災植物」の呼び名と考え方を生み出したのは、植物生態学の研究者・澤良木庄一先生です。「防災の第一歩は、自分の生活周辺の自然環境をよく知ることである。その中には食用となる植物がたくさん自生している。これに関する知識を身につければ、災害時食料難になった時

防災植物の一例

植物名	分類	おいしい旬の時期	生息場所	おいしい食べ方
シロツメクサ	マメ科	3～5月（花期は4～5月）	草地や畑、道端など	卵焼き　天ぷら
カラスノエンドウ	マメ科	3～5月（花期は4～5月）	草地や畑、道端など	ごま和え　サラダ
カキドオシ	シソ科	3～6月	やや日陰の草地や道端など	パスタソース　ピザ
ツユクサ	ツユクサ科	5～9月（花期は7～10月）	やや湿気がある草地や道端など	サラダ　おひたし
オオバコ	オオバコ科	4～7月	道端やグラウンド、登山道など	天ぷら　味噌汁
スギナ	トクサ科	3～4月	草地や畑、堤防など	お茶　天ぷら
ハコベ	ナデシコ科	2～10月	道端や畑など	サラダ
スベリヒユ	スベリヒユ科	6～9月	日当たりのいい畑のそば	和え物
ヨモギ	キク科	2～6月	道端、堤防、草地など	もち　ケーキ　天ぷら　味噌汁
ヨメナ	キク科	3～4月（花期は6～10月）	やや湿気のある道端や草地など	ご飯　天ぷら
ノビル	ヒガンバナ科	3～5月（花期は4～5月）	道端、堤防、草地など	酢味噌和え　天ぷら　薬味
クズ	マメ科	5～9月（花期は9～10月）	林のへりや土手、道路脇など	天ぷら　酢物
ミツバ	セリ科	2～5月	湿り気のある山すそや林道など	ご飯　おひたし　薬味
セリ	セリ科	2～4月	日陰の湿地や水辺など	白和え　汁物

「おいしい旬の時期」は、高知県四万十市の場合

オオバコ　独特の香りと旨味。天ぷらやスープでよくわかる

ツユクサ　クセがないのでそのままサラダやさっと湯がいて和え物に。特にマルバツユクサは、加熱するとぬめりが出る

カキドオシ　シソとバジルを混ぜたような香り。オリーブオイルと一緒にジェノベーゼソースに。チーズやトマトと相性がよい

にも命をつなぐ助けになる」――その提言に賛同した私たち（植物研究家、野菜ソムリエ上級プロなど）は２０１５年、南海トラフ巨大地震発生に備える高知県四万十市にて、「日本防災植物協会」を立ち上げました。以後、防災植物に関する研究と普及実践を図るとともに、防災意識の高揚に努めています（「防災植物」は登録商標です）。

本会の主な事業は、季節に応じた体験型「防災植物教室」の開催です。「野外

防災植物教室。野外観察で、これは食べられそうだと思う植物を採集

防災植物と備蓄食品で、ポリ袋調理

筆者。
野菜ソムリエ
上級プロ

限られた水での洗浄方法。細かくした野草をポリ袋に入れ、ひとつまみの塩と一口の水を入れ振り洗い

家庭や避難所の備蓄食料には、こんなものが入っているはず

スナック菓子は叩いて細かくしておく

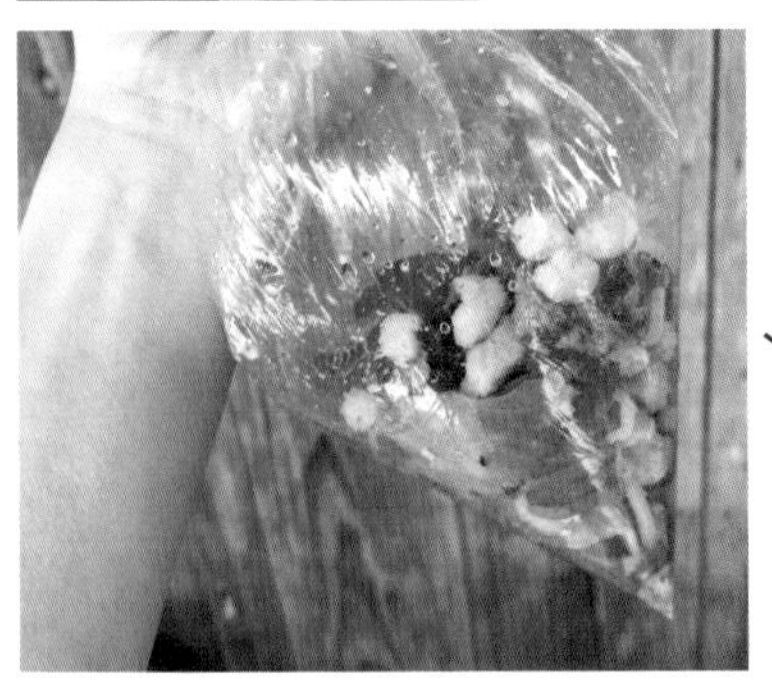
水を捨てたポリ袋に、スナックや缶詰を入れ、振って味をなじませる

かっぱえびせんとイワシ缶詰で味付け。皿がないときはポリ袋のまま食べる

観察」「学習」「試食」の三つで構成していて、実際に外に出て防災植物を観察し、名前や有毒植物の見分け方を学び、食べて味や料理法を知るという内容です。

いまのお子さんを見ると、外で遊ぶ機会がどんどん減っていると感じます。私は東京からIターンで四万十市に来た移住者ですが、来た当初「こんなに自然豊かな場所なのに、子どもが遊んでいない！」と驚きました。外に出ていないということは、自然と触れ合っていないということです。防災植物教室に一番参加してほしいのは、そんなお子さんや親御さんたち。防災植物を通じて、生物多様性にも興味を持ってほしいと思っています。

ポリ袋調理は、缶詰やスナック菓子で野草を味付け

防災植物の食べ方には二通りあります。一つめはもちろん災害時の食べ方です。発災後は食料不足と同時に、調理器具や調味料などの物資も不足します。できれば生のまま簡易な調理、調味で食べられるのが理想です。そこで私たちは、火を使わないポリ袋での調理を研究していま

防災植物教室。外で採集してきた植物を分けて学習。専門の先生方が教えてくれる

す。野草の調味に使うのは避難所や家庭に備蓄してある缶詰やアルファ米、スナック菓子やふりかけなどです。

まず、野草を細かくちぎり、ポリ袋に入れます。少しの塩と水を加え洗浄し、その水を捨てたあと、缶詰やスナック菓子などを加えて調味します。缶詰の汁は調味液になりますし、中身も合わせればタンパク質も同時に摂取できます。スナック菓子のほうは味が濃く油分が多いことが特徴ですが、これが野草の苦味を和らげ、しっかり味を付けてくれます。

私は非常用持ち出し袋の中にゴマやふりかけ、乾燥ワカメや切り干し大根などを入れておくこともオススメしています。乾物は軽くて保存性と栄養価が高いのが特長で、少量の水でも戻るので、ポリ袋調理に混ぜて使うことができます。ふりかけやゴマは風味を加えたり、白米が支給された時にも役立ちます。

「避難所では野菜が食べたかった」に応える防災植物

過去の災害時の「避難所での栄養調査」を見てみると、避難所生活が続くと炭水化物や脂質の摂取量に比べビタミンやミネラルが不足し、栄養バランスが崩れていることがわかりました。支給される菓子パンやおにぎり、アルファ米などで炭水化物は摂取できても、運動不足から逆にカロリー過多になり、持病に悪影響が出たケースもありました。

ライフラインが停滞すると、野菜などの備蓄は難しくなります。避難所でのアンケートにも「野菜を食べたかった」とたくさん書かれていました。そこで、「野菜の代用に防災植物を利用することで不足する栄養素を補えないだろうか」と考えて12種類の防災植物の栄養成分分析を行なったところ、たとえばビタミンCはカラスノエンドウ、カキドオシの順に含量が高く、シロツメクサ、ヨモギ、ドクダミにはホウレンソウと同等量がありました。カルシウム含量は、12種類すべての防災植物が、ニラ、ホウレンソウを上回りました。抗酸化能も認められ、防災植物は野菜の代用として有用であるということがわかりました。

カフェのメニューで日常的にも食べておく

もう一つ大切なのは、日常での食べ方です。災害時にいざ防災植物を利用しようとしても、今まで食べたことのないものに手が伸びるでしょうか。普段の食卓で食べ慣れておくことが大切なのではないかと思います。

そこで活用メニューのPRのために始めたのが「四万十ふれーばー＊ボウサイショクブツカフェ」。防災植物と旬の食材を組み合わせたメニューを提供しています。和え物や炒め物、パスタやピザなどにも野草は活用できます。店内にはその日に使用している野草を展示しているので、「これ庭に生えているわ！」と驚く方もいますが、おおむね好評をいただいています。

このカフェを通じて「野草はハードルが高い」という固定観念をなくし、毎日のメニューに気軽に取り入れてもらえるようになると嬉しいです。

「防災植物」の最大の特徴は、全国の庭先、校庭、散歩道、堤防などで簡単に見つけられることです。ぜひみなさんも周囲の自然をよく見つめてチャレンジしてください。

野草の生春巻き

カフェメニュー　季節の野草プレート

ボウサイショクブツカフェ。
月2回、第3週の土日のみ営業

PART 2

裏山の土砂災害に備える

スコップと草刈り鎌で空気と水の流れを回復させる

広島県尾道市「大地の再生講座」より

文＝編集部　写真＝大村嘉正

ふだんの手入れで裏山の災害から身を守る。２０２１年４月、そんなテーマのワークショップが「大地の再生 結の杜づくり」中国支部の講座の一つとして開催された。下村京子さんと上村匡司さんを講師に、30〜60代の総勢18人が集まった。

「大地の再生」に関心を持つ尾道市内外の16人が口コミで集まった。講座の参加費は１人3000円ほど

「大地の再生」で土砂崩れを防ぐ

場所は広島県尾道市の山あいにある大通寺。２０１８年の西日本豪雨で裏山の沢が崩れたりしたこともあり、大地の再生に関心を持った住職・大淵英範さんが下村さんたちを招いてワークショップの場を設けることになった。

大地の再生とは、山梨県在住の造園技師・矢野智徳さん（64歳）が指導する手法で、水と空気の目詰まりを回復させることで植物が元気になり、周囲の環境に好循環がもたらされるというものだ。『現代農業』では、大地の再生によって果樹の生育が改善したり、耕作放棄地が再生したりする方法を取り上げてきたが、今回はそれを防災・減災に役立てるのがねらい。水と空気の流れを回復させて環境を整えれば、山の土砂崩れなどを防ぐ効果があるというのだ。

矢野さん自身も、大地の再生の普及のために各地で実践講座を重ね、全国に広まりつつある。

下村さんも、もとはバラを中心としたガーデニングコーディネー

大通寺付近の地形図

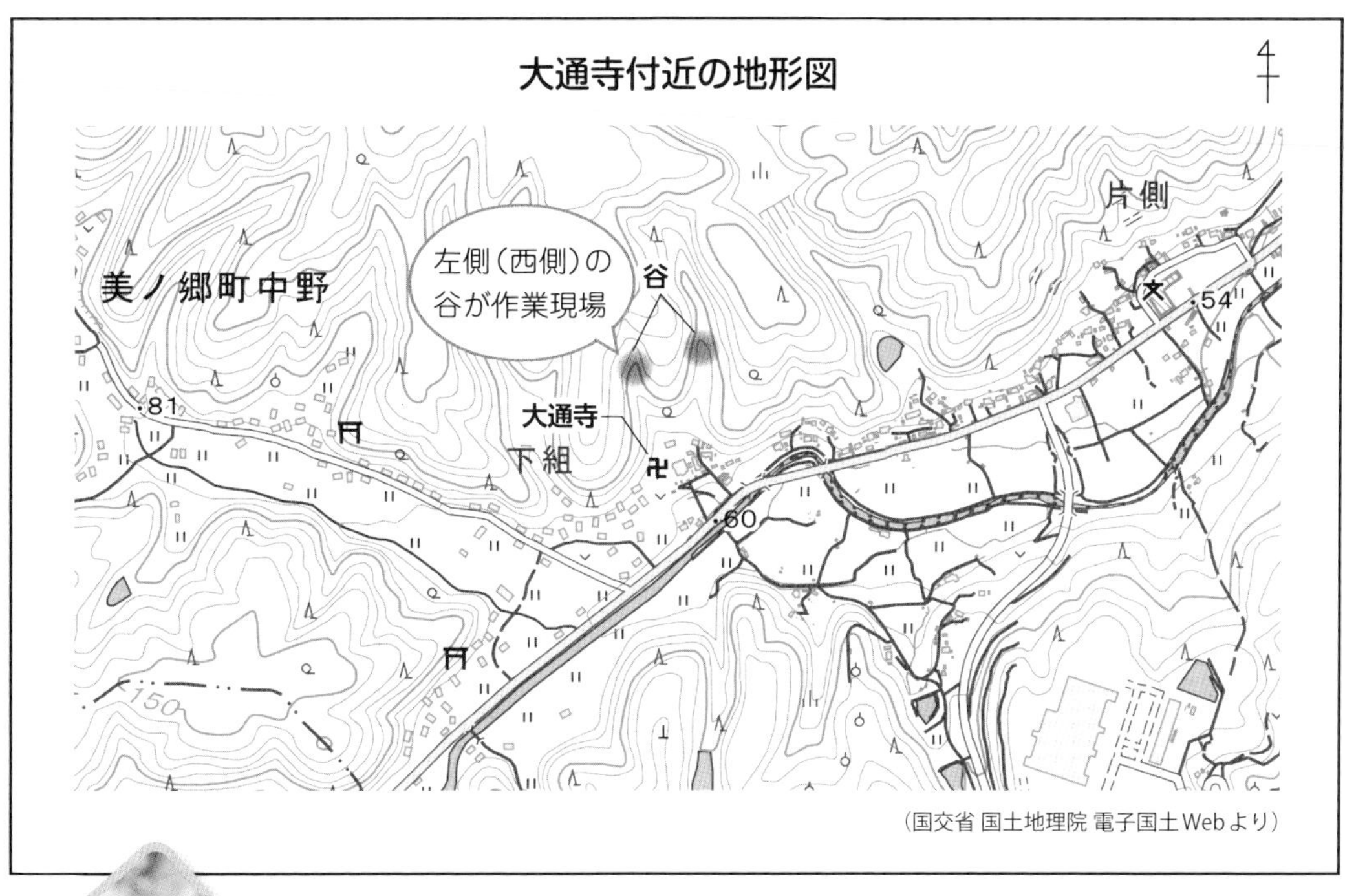

（国交省 国土地理院 電子国土Webより）

野外で地形図を見るのに便利なアプリ「スーパー地形」。Google PlayまたはApp Storeからダウンロードできる

下村京子さん。「大地の再生 結の杜づくり」中国支部代表

大通寺の住職・大淵英範さん

ター。自宅は県内呉市にある。上村さんは京都で造園の仕事をしてきた方だ。

ドブ臭い谷に注意

下村さんの話は地形図を見ることから始まった。野外で地形図を見るには、紙のものよりもスマートフォンやタブレットで使える無料アプリ「スーパー地形」が便利という。

「等高線が外側に飛び出たところは尾根、引っ込んだところは谷。この谷筋を私たちは水脈と呼んでいます。水脈は、表面に水が流れていなくても、地下に水を保持しています。大通寺の裏には2本の谷がある。おそらくお寺の下にも水が流れていると思われます」

お寺に向かう谷筋。ということは、ここで土石流などが起きれば、周囲の家ともども寺も大きな被害を受けかねない。

大淵住職によると、大通寺は今から350年ほど前、火災で焼けたのを機に現在の場所に移ってきたそうだ。一般に寺や神社が谷筋のような危ない場所にあることは

まずは
沢の泥さらい

「谷筋は人間の体のツボのようなもの」と下村さん

沢を埋めた砂利や泥をさらうと
すぐ水が見えてきた

少ないそうだが、集落の中心ということで現在の場所に建てられたらしい。移転前の臨済宗から浄土真宗の寺に変わり、「門徒さんが集まる場所に」という意向が強かったのではないだろうかというのが住職の推測だ。

大通寺にまっすぐ向かう西側の谷はもう一つの谷より急で、寺のすぐ裏では、谷に設けられた水路を水がチョロチョロ流れている。だが、その先の大部分は伏流しているようで、大雨のときだけ水が流れる沢になるという。では、ふだんは伏流したままでいいかというと——。

「みなさん、ちょっとドブ臭いにおいを感じませんか」と下村さん。溝に顔を近づけると確かに少しにおう。

「水が滞っているから、落ち葉などの有機物が積もって嫌気性菌が増えているんです。沢を水が流れないから斜面に雨水が浸透しない。大雨が降れば、土と石と水がものすごい勢いで流れて、土石流、山津波になりかねません」

というわけで、作業は沢（谷

沢の泥さらいの手順

1 まず枝を拾って土手の上などに集める。

2 三つ鍬などで枯れ葉を集め、拾い上げる。

3 持てる程度の大きめの石は横にどかす。水の流れが急なところがあれば、その石を水流に斜めに当てて弱める。

4 水の流れを見ながら、やわらかいところを削ったり泥をさらう。

5 水がよどんだ先の狭いところを広げてやる。緩やかに蛇行しながら水が等速に流れるように。

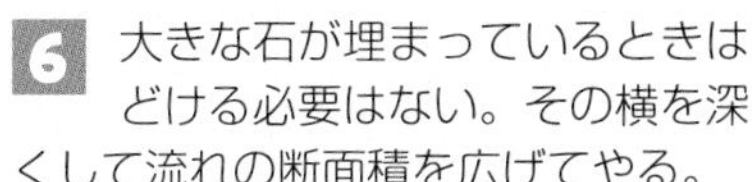

6 大きな石が埋まっているときはどける必要はない。その横を深くして流れの断面積を広げてやる。

筋）の泥さらいから始まった。

谷筋の滞りをなくすと、斜面に空気穴が開く

下村さんは「谷筋は人間の体のツボのようなもの。斜面の一番下にある谷筋の滞りをなくすと、体の血流がよくなるように、土の中の空気と水の循環がよくなる。下の詰まりを改善すると上もよくなる」という。

そこから浮かんだのは次のようなイメージだ。谷筋に集まった水が流れないために、その上では水分の渋滞が起きている。谷の壁面の土は、いつまでたってもスポンジが水を含んだような状態。だから雨が降っても浸透できず、大雨になれば表面を流れ落ち、土をえぐっていく――。

また、斜面を流れる泥水は細かい粘土で表面を目詰まりさせ、水も空気も浸透できない悪循環をもたらすという。植物が育たないので斜面は裸地状態のまま。周囲の樹木も細根を伸ばせずゴボウ根になり、倒れやすくなってしまう。

それを改善する取っかかりが、

作業前

落ち葉も積もっていて、水の流れはよく見えなかった

7 流れが合流するところは深みをつくって、速く流れすぎないように。水が合流するところは渦ができる。深く掘ることでそれを手伝ってやる。

作業後

沢に水が流れた!

土を動かしすぎないこと。後は自然が調整してくれます

上村匡司さん

澄んだ水が流れると気持ちがいい

空気と水が通る斜面にはコケなどの植物が生えてくる

雨水が流れるところが裸地化

目詰まりした斜面は自然に崩落しやすい。崩れた後にはポツポツと空気穴ができ（指の先）、おかげで崩れていないところの通気性もよくなる

細かい粘土がフタをしている状態

谷筋の水の滞りをなくすことなのだ。堆積した泥や有機物をさらってやれば、斜面に「空気穴が開く」。

スコップで大地とつながる

だからといって、沢の底をたくさん掘ったり削ったりする必要はない。掘りすぎると壁面が崩れたりもする。水の流れは滞ってはいけないが、走りすぎてもよくない。等速に流れるようにする。自然の地形に合わせて少しさらっては水の流れの変化を確認しながら作業することが大事という。

自然の川は蛇行し、深くなったり浅くなったり波打ったりしながら流れていく。カーブしながら流れることで泥が濾され、深みや波打つところで水は上下左右に渦を巻き、空気を取り込んで澄んだ流れになる。そして、落ち葉が混じった周囲の泥を微生物の力で団粒化していく。そういう水や空気や微生物の働きを回復させることが要となるようだ。

講座の参加者がふるうスコップの先が砂利にこすれる音が谷に響く。村々コンビの話に感心したり

「点穴」で土中に空気を通す

畑や庭などの土中の空気の流れをよくするのに有効。土が硬く締まって、周囲のサクラが弱っている駐車場で実演してもらった。

深さ40～50cmの穴を、表層の硬い層を抜けてやわらかくなるところまで掘る

1 穴の底にパラパラと炭を二つかみほど。真砂土のような目詰まりしやすい土の場合は多めに

2 30cmくらいにカットしたイナワラを一つかみ、穴の底に広げるように押し込む。炭もワラも微生物の繁殖を促すため

3 太い枝を斜めに立てていく。四方から中で交差するように挿す。まず太めの枝を。その後、細い枝を隙間に入れていく。これで土が落ちても穴が詰まりにくくなる

4 最後に葉付きの枝を挿す。これも土や泥が流れ込まないようにするため。穴の縁に立てかけるように斜めに挿していく。上に飛び出た葉は切る

5 やがて葉は枯れるが、枝や枯れ葉が空気の層を保つ。穴の底や壁面から、空気が土中に浸透していく

＊穴を維持するための枝や木の葉の使い方は、本家の矢野さんとは少し変えている。

点穴を取材時の動画がルーラル電子図書館でご覧になれます。「編集部取材時ビデオ」から。http://lib.ruralnet.or.jp/video/

驚いたりする声がときどき上がる。

　なるほど、少しずつ底の泥をさらうと変化がよく見えるのだ。水流が狭くなったところを広げると水が動き出し、濁った水が澄み始める。よどんだところにたまった、灰色がかった嫌気状態の泥はスーッと広がって薄れていく。それは、スコップを通して、自分の体と自然がつながる一体感のようなものか。参加者のみなさんの顔には、そんな満ち足りた表情が浮かんでいた。

枯れ枝・枯れ葉で斜面に「湿布」

「沢の泥さらいをする前に拾った

枯れ枝を活かす

まず太い枝を、その後は細いものも混ぜて斜めに置いていく。水平（等高線に平行）にしないのは、雨水をまともに受けて流されないようにするため

土手に上げた泥も活かす

下から枯れ枝、泥、枯れ葉（腐葉土）の順に層状に重ねる。炭も混ぜると微生物のすみかとなり、土の団粒化が促進される

沢からさらった泥は、空気が入るように枯れ枝と枯れ葉（腐葉土）で挟むように積む。ここにもやがて植物が育ち、根で地面を保護してくれる

枯れ枝に、別の機能を持たせたい」と上村さんが実演してくれたのが上の写真のような方法だ。何に使うかというと、沢の側面、裸地になった斜面が「呼吸できるように」するという。

枯れ枝を、太いもの細いものを混ぜて斜面に置いていく。このとき枝は水平ではなく斜めに置く。これは、上から流れてきた雨水をまともに受けず、逃がすようにするためだ。

前述のように、斜面が裸地になるのは、雨水が表面を走りすぎて、ネトーッとした細かい泥がフタをしてしまうから。すると大地が呼吸できず、空気も水も浸透しないので、周囲の木が落とした枯れ葉は乾いたまま風で飛ばされ、斜面を覆ってくれないのだ。

枝を置くと、それに落ち葉が引っかかって大地に「湿布」したような状態になる。落ち葉による有機物マルチだ。すると落ち葉の養分をエサに好気性菌が働いて土が団粒化する。そこに草のタネや木の実がとどまって植物が生える。つまり枯れ枝と枯れ葉は、植物が

イラスト＝河本徹朗

参加者一同で枝の置き方（写真右下）を確認。枯れ枝と落ち葉で植物が育つのを促す。中央は泥さらいを終えた沢

斜面を覆うまでの保護資材だ。空気と水の流れが回復した斜面にはやがて植物が育ち、細根が発達し、斜面を保護する力が強まる。

草がおとなしくなる

さて、谷筋の滞りを解消するには、もう一つやることがある。谷を通る空気の流れもよくすることだ。そのための草の刈り方が「風の草刈り」。草を地際で刈らず、風でよく揺らぐ部分だけを、草にとっては風に削がれたと思わせるように草刈り鎌を使って刈る。

植物は強風に煽られると、風に負けないように根を強く張り、地上部の生育も旺盛になる。草を短く刈り込むことはそれと同じで、早く生育を回復させようとする力を強めてしまうという。その点、風の草刈りは、下から上に撫でるように、かなり高い位置で刈ることで、草をおとなしくする効果があるそうだ。

もう一つのポイントは、モサモサと繁った草をブロックごとに分け、その間の風の通りをよくしてやることだ。下村さんによると、

風の草刈り

谷間の一部でハランが茂りすぎて空気の流れをふさいでいたところで、下村さんに実演してもらった。

円（楕円）を描くように動かす

鎌は下から上に、風が葉先を削ぐように動かす

使う鎌は、刃先がギザギザのノコギリ鎌。カットされた切り口が風に引きちぎられたように粗くなり、草の再生を遅くできるという

株と株の間の隙間を利用して風の通り道をつくり、ブロック状に分ける

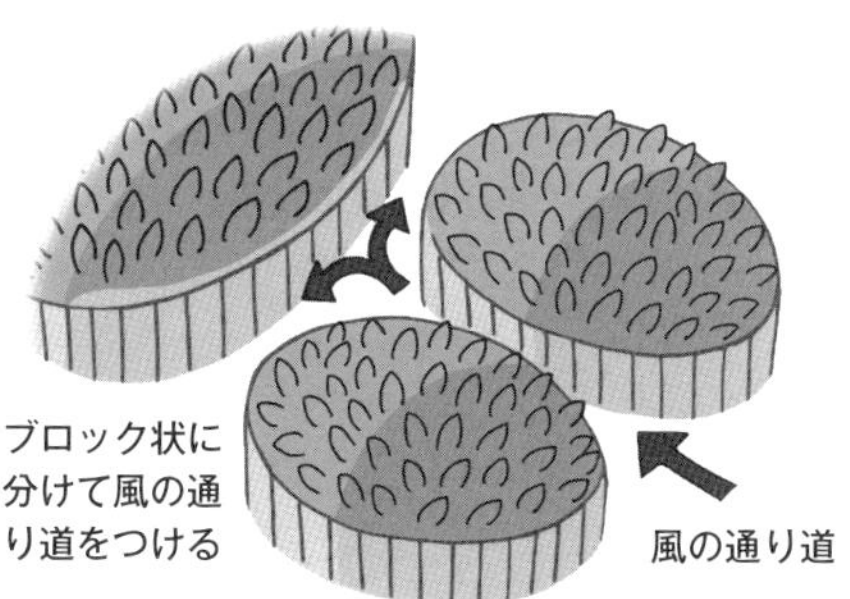

真横から見たときにかまぼこ形にすると、風がスムーズに流れ、草の中にも空気が入りやすい

＊ススキが茂ったようなところも同じ要領で刈る。大きな草には、ノコギリ鎌の代わりに、ナイロンコードを付けた刈り払い機を使う。ループハンドルのものが使いやすい

株と株の間は小さな谷筋。谷筋の水脈の上は風の通りをよくすることが基本だ。株の間を開き、ブロックに分けて風を通すと、空気と一緒に水分も運ばれて植物を落ち着かせることができる。

裏山を気持ちのよい場所に

「流水腐らず」というとおり、泥さらいで水が流れるようになった沢はにおわなくなった。風の草刈りに加え、谷の入り口をふさぐように倒れかけた竹を取り除くことで空気の通りもよくなった。

「大地の再生では『気持ちいいね』という感覚を大事にします。人が気持ちいいと感じる場所は、そこに生えた植物、木にとっても気持ちがいい。そういう場所にするのが目標です」と下村さん。

できれば季節ごとに年3〜4回、スコップと鎌でできる裏山の防災。風通しがよい場所は目通しもよくなるので、人に身をさらすことを嫌うイノシシやシカも下りてこなくなる。したがって、土砂崩れのような災害だけでなく獣害対策にもなるそうだ。

土砂災害の前兆を知る

——裏山診断のポイント

藤村 尚（鳥取大学名誉教授）

土砂災害の75％は屋内の逃げ遅れ

近年多発する豪雨に同調するように、国内における土砂災害の発生数にも増加傾向が見られる。なかでも、土石流の増加傾向と人的災害が顕著になっている。

土砂災害による死者・行方不明者は、自然災害（超巨大災害を除く）による被害者の約40％で、その約半数が65歳以上の高齢者である。また、豪雨時の被災場所をみると、土砂災害では屋内が75％以上、そのうち自宅での被災割合は9割を占める。

土砂災害は、スピードとパワーが凄まじく、災害が起きてから避難しようとしても間に合わない。そのため、土砂災害の前兆に気づいたらいち早く安全な場所に避難することが大事である。

土砂災害の三つのタイプ

土砂災害は、発生の仕組みや土砂の動き方から、【図1】ように大きく「がけ崩れ」「地滑り」「土石流」の三

図1　斜面の土砂災害の3パターン

がけ崩れ

斜面の地表に近い部分が崩れ落ちる

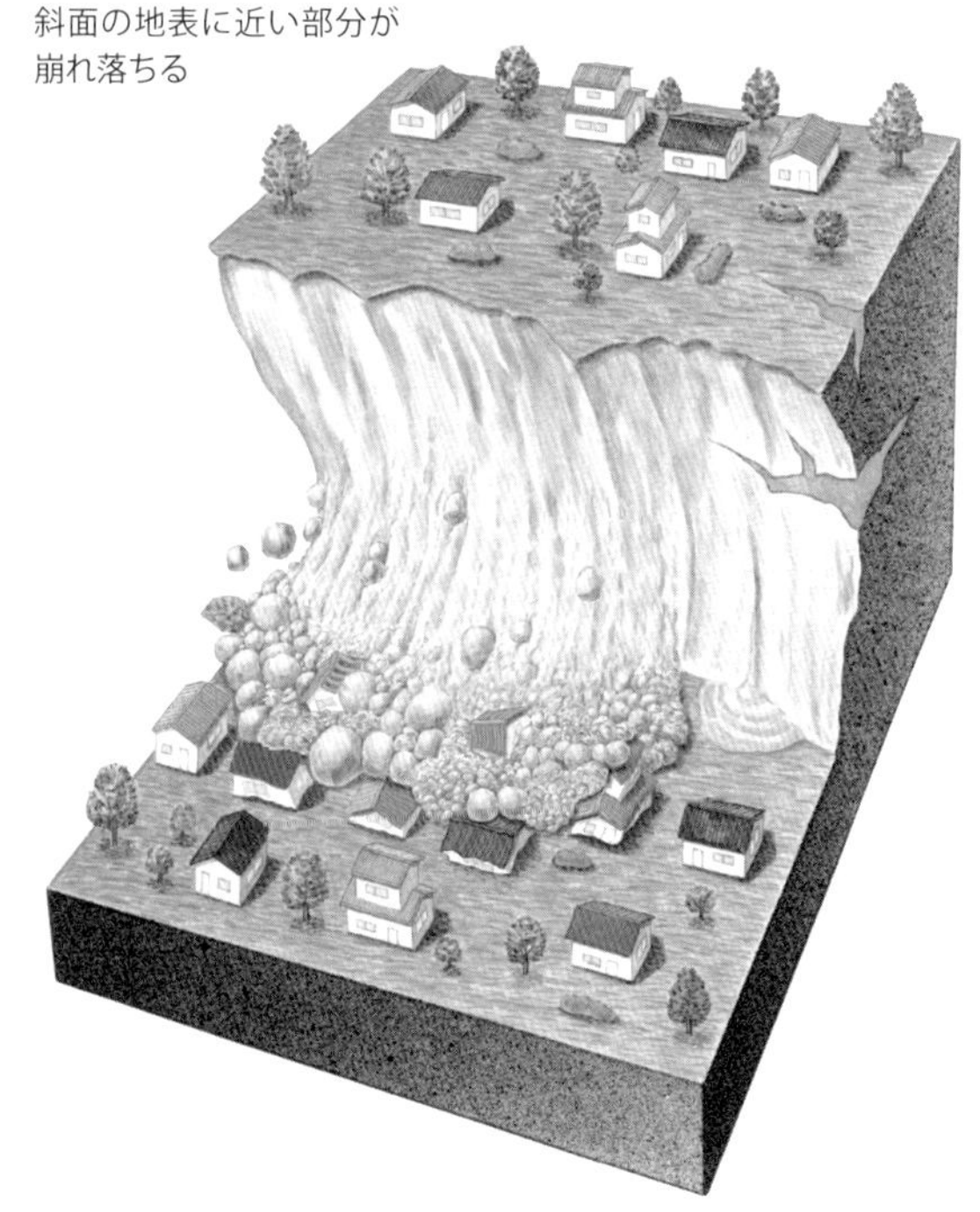

地元住民と有識者、行政が一体となって取り組む「裏山診断」。山の中を歩いて土砂災害の危険箇所を点検する

つに分かれる。

がけ崩れは、斜面の地表に近い部分が雨水の浸透や地震などで緩み、突然崩れ落ちる現象で、崩れ始めてから崩れ落ちるまでの時間が短いという特徴がある。

地滑りは、大雨が降った後や雪解け水が地中に浸透することで、斜面の一部あるいは全部が、ゆっくり滑り落ちていく現象を指す。家や田畑や木なども一緒に地面が大きな塊のまま動く。

土石流は、山腹や川底の石、土砂が長雨や集中豪雨などで崩れ、猛烈な勢いで下流へと押し流される現象。一瞬のうちに家や田畑などを壊滅させる。

雨の強さと降り方に注意

こうした土砂災害の多くは、長雨や台風などの大雨が原因となって発生している。

集中豪雨は、比較的狭い場所で数時間にわたって強く降り、１００㎜から数百㎜の雨量をもたらす雨といわれる。１時間当たりの雨量が30～50㎜未満のときは、「バケツをひっくり返したような激しい雨」と呼ばれ、土砂災害が起こりやすくなる。屋外の様子は、道路が冠水して川のようになり、排水路の水があふれるような状態になる。

気象庁による雨の強さと降り方の情報を、土砂災害と関係づけて理解することが大切である。とくに近年の気象変動による雨の降り方や雨量の変化には注意が必要だ。

土石流

山腹や川底の石・土砂が押し流される

地滑り

家や田畑、木なども一緒に地面が大きな塊のまま動く

資料提供＝ＮＰＯ法人土砂災害防止広報センター

簡易雨量計をつくろう

我々が行政やメディアから見聞きする降雨情報は、ある程度の広がりを持って示されているが、実際には数百mの距離で雨が降ったり、降っていなかったりすることがある。

雨の降り方は気象条件や地形の違いによって異なるため、ペットボトルなどを使って雨量計をつくっておくと便利である。自作の雨量計を家屋の周辺に置いて、雨量がどの程度か観察することで自主避難の目安になる。1時間に20㎜以上の強い雨が降ったり、降り始めから80㎜を超えると土砂災害が起こりやすくなるといわれている。

もちろん、まずは国や都道府県、市町村から発信される土砂災害警戒情報を確認。あわせて雨量計による雨の状況を観察して、いざというときの注意・警戒・避難に結び付けてほしい。

五感でわかる土砂災害の前兆

土砂災害が起こる前には、「雨の降り方がいつもと違う」「いつもの雨では冠水しない道路が冠水している」など、通常とは異なる現象が起きている場合がある。そうした前兆現象は目、耳、鼻など五感で感じることができる。タイプ別に見ていこう【図2】。

ペットボトル雨量計のつくり方

2ℓのペットボトルの上部15㎝程度をカットし、逆さに差し込んで固定。底に重りを付け、20㎜と80㎜の高さにテープを貼る

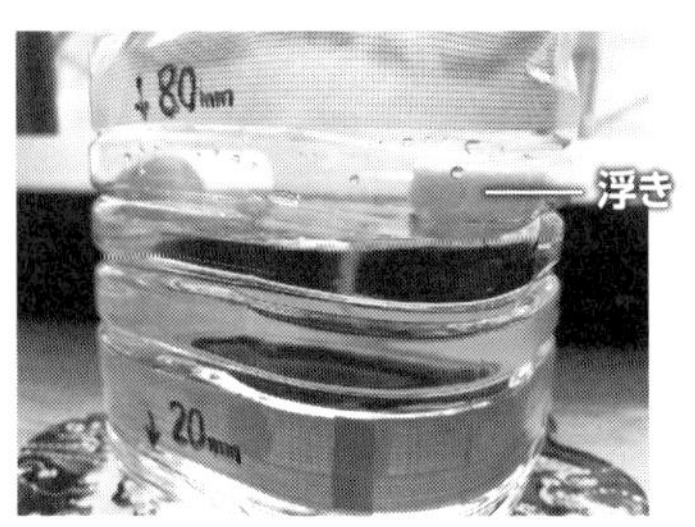

ペットボトルの中に発泡スチロールの「浮き」を入れると雨量が見やすい

雨の強さと降り方

1時間雨量（㎜）	予報用語	人の受けるイメージ	屋外の様子
10以上～20未満	やや強い雨	ザーザーと降る	地面一面に水たまりができる
20以上～30未満	強い雨	どしゃ降り	小さな川があふれる
30以上～50未満	激しい雨	バケツをひっくり返したように降る	道路が川のようになる
50以上～80未満	非常に激しい雨	滝のように降る（ゴーゴーと降り続く）	水しぶきであたり一面が白っぽくなり、視界が悪くなる
80以上	猛烈な雨	息苦しくなるような圧迫感がある。恐怖を感じる	大規模な災害が発生する

出典：気象庁のサイトより、一部修正加筆

図2　土砂災害の前兆現象の例

がけ崩れ

● 地鳴りや山鳴りがする。

地滑り

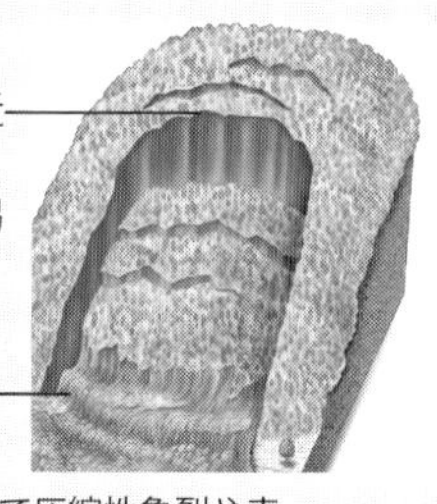

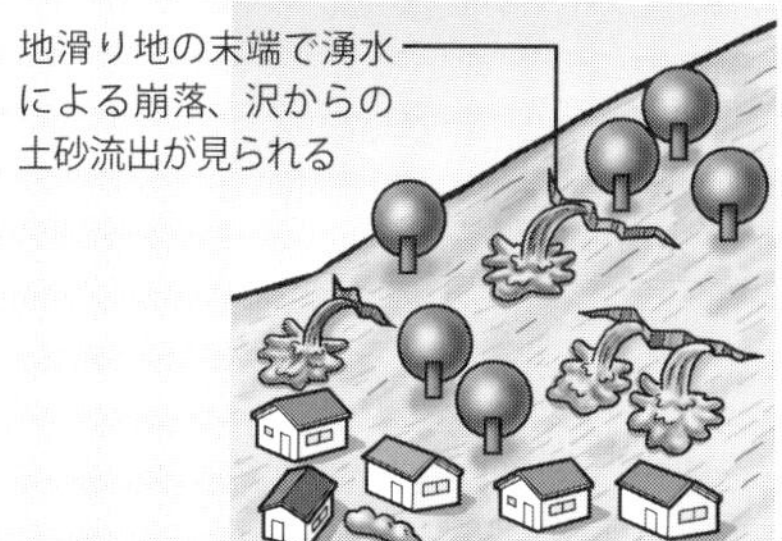

● 井戸水が濁る。
● 家の戸や襖が閉まりにくくなる。

土石流

● 急に川の水位が上昇する。
● 川の水が濁り、水といっしょに倒れた木が流れてくる。
● 雨は降り続いているのに川の水が減る。

その他…

● 流木の裂ける音や岩石の崩れ落ちる音がし、山鳴りや地鳴りを感じる。
● 異様なにおい（木や土、油やガス、物の焦げたにおいなど）がする。
● がけ崩れが多発。ペットや家畜が異常な行動を示す。

資料提供＝NPO法人土砂災害防止広報センター

「出前裏山診断」とは?

対象となるのは、これまでに被災した地域や、土砂災害警戒区域などが存在する地域。

2017年5月には、鳥取県岩美町小田地区からの要望で裏山の5カ所を点検した【図3】。地元の住民、自主防災会、有識者、行政など、合計30人ほどが参加した。

山腹斜面での倒木、浸食が目立つ

4

公民館裏の斜面は小石と土砂の河岸段丘。急崖で崩壊が懸念される

最近、大雨が降ると裏山から小石が落ちてくる

住民からの聞き取り

住民と土砂災害の前兆箇所を調べる

後日、結果報告を兼ねて出前講座を開催

鳥取県では、土砂災害から大切な命や財産を守るため、地域の要請に応じ有識者を現地に派遣して裏山の危険箇所を点検・診断する「出前裏山診断」に2013年から取り組んでいる。筆者は土木・防災の専門家として8年間で3市8町、延べ39地区の診断に携わり、災害防止の助言をしてきた。

先人の言い伝えも手掛かり

事前に地元住民から過去の災害の状況や先人の言い伝え、異常気象時の現象などを聞き取って診断箇所の情報を整理。当日は、住民と一緒に現地を踏査・点検する。

斜面診断

斜面・土砂災害の前兆現象【図2】から、がけ崩れの診断の場合は、湧水、崩落、クラック(ひび割れ)、段差、陥没、沈下、滑落崖、転石・落石の有無をチェックする。

土石流の診断

渓流内の水量、土砂・流木堆積状況、湿潤地の有無、ため池や井

図3 裏山診断の点検箇所と見立ての例（鳥取県岩美町小田地区）

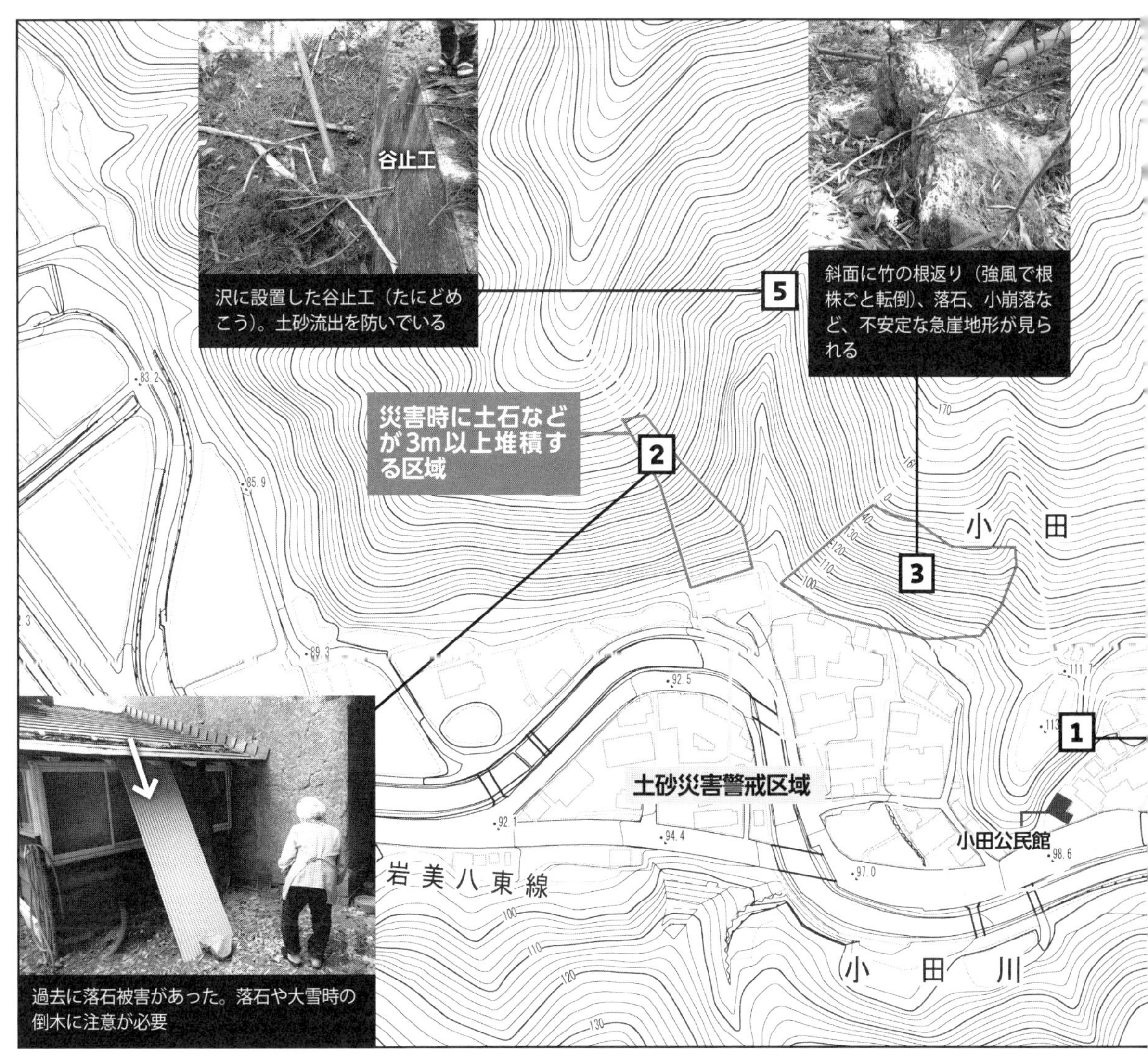

戸の水位、雨水排水処理などを点検する。

構造物や植生もチェック

家屋などの傾きや変状、電柱の傾き、擁壁のクラックや変状、石積み土留め壁の膨らみや傾き、農道や林道の変状など、構造物のチェックも土砂災害の前兆の手掛かりとなる。

樹木の根曲がり、倒木、植生の異常、針葉樹や広葉樹の分布など、植生のチェックも同様である。

出前講座で防災意識を高める

点検後は、診断結果の報告を兼ねて「出前講座」を実施。土砂災害の危険箇所を抽出して説明し、前兆現象や地区のハザードマップを住民と一緒に確認する。

「専門家に見てもらえて心強い。集落全体に目を向けて防災対策に取り組みたい」「初めて見る危険箇所もあった。これを機に住民の防災意識も変わると思う」などの感想が寄せられ、裏山診断が自主防災の転機となっている。

崩れない
裏山をつくる

放置された個人の山を自治会で管理する

兵庫県丹波市市島町・北岡本自治会

文・写真＝編集部

「おーい。そこの木の間に倒すぞ」

秋晴れのなか、支障木や風倒木の処理に精を出すのは兵庫県丹波市の北岡本自治会の面々。今日は50～70代の5人が集まった。チェンソーで枝葉を落として玉切りした木は、ストーブやキャンプ用の薪の原料として「丹波市木の駅プロジェクト」に出荷するのだという。

この辺りのヒノキ山は40～50年生の私有林が多い。「本来なら山主が管理せなあかんとこやが、高齢者ばかり。業者に頼めばカネがかかるやろ。せやから自治会が山主に許可をもらって山守（やまもり）しとるんや」というのは、北岡本自治会長の黒田拓治さん（73歳）だ。

北岡本自治会は、国道175号線から奥に入った小高い山の麓にあり、40世帯・120人が暮らす。黒田さんは、国の「森林・山村多面的機能発揮対策事業」に取り組むため、2020年に自治会の有志と「北岡本30年の森づくり委員会」を発足。地元の計41・9haの山を対象に、森林整備や作業道の補修、広葉樹の植栽などを行なってきた。今回の風倒木の処理もその活動の一環で、年間240万円ほど出る交付金から日当やガソリン代、重機のリース代などを捻出している。

個人の山をこうして自治会で管理するようになったのは、豪雨対策がきっかけだった。

山主全員の同意をとって森林経営計画を策定

黒田さんが自治会長になった2010年頃のことだ。当時は大雨が降るたびに谷川を伝って山から土砂が流出し、下流の水路では泥上げが頻繁に行なわれていた。

ある日、黒田さんが裏山に上ってみると、真っ暗な林内には細いスギやヒノキが密集しており、地面は下草がなく土がむき

「北岡本30年の森づくり委員会」の中心メンバー、中央が自治会長の黒田拓治さん

森林整備で搬出した木は「丹波市木の駅プロジェクト」に出荷。薪の原料として1t6000円で買い取ってくれる

出しになっていた。50年ほど前に雑木林を皆伐してスギ・ヒノキを植えて以来、枝打ちや間伐をせずに放置してきた山だ。これでは大雨でいつ土砂崩れが起きてもおかしくなかった。

その後、治山ダムをつくってほしいと行政に陳情に行った際に、13年から始まる「森林環境保全整備事業」のチラシを見つけた。自治会の共有林20haと私有林50haを一つにまとめて森林経営計画を立てれば、この事業を使って一気に間伐が進められる。しかも山主の負担金なしで地元の森林組合に施業委託ができる。まさに渡りに船だった。

といっても、120筆もある個人の山の木を勝手に切ったり、作業道を付けたりするわけにはいかない。黒田さんは山主50人（うち20人は地区外に在住）に自治会長名で手紙を出し、同意書に判子を押してもらうことにした。

「いま間伐しておかないと、災害が起こったときに責任をとってもらうことになります。災害が起きてから自分の山を直すのはたいへんだから一緒にやりましょう」

すべての山主の同意をとるのには約1年かかったが、粘り強く説明を繰り返し、伐採木をすべて自治会に寄付することも了承してもらった。

集中豪雨で土砂崩れが発生

こうして治山ダム建設と間伐事業に取りかかろうとしていた矢先、14年8月に市内を未曽有の豪雨が襲った。17日の深夜3時には1時間の雨量が90㎜を超え、雷のような音とともに裏山から土砂や流木が押し流されてきた。幸い北岡本自治会では負傷者は出なかったが、床上浸水4軒、床下浸水17軒の被害が発生。山頂付近では一部地滑りが起こり、下流の田畑は広範囲で水に浸かって池のようになっていた。

やはり、山を放置してきたことがアダとなってしまった。手入れされない人工林は高密度となって暗くなり、林床の植生が減って有機物の蓄積が少なくなる。下草が生えない状態では保水力も落ちる。北岡本地区の山は46カ所で土砂崩れが発生し、根が付いたままのスギやヒノキが谷川に集まって流れてきたと黒田さんはみている。

翌年、市の災害復旧工事が進む一方で、森林環境保全整備事業による70haの間伐と全長6㎞にわたる作業道の敷設が無事に完了となった。だが、それで災害に強い山づくりが終わったわけではない。作業道のメンテナンスや風雪で倒れた木の処理など、手入れはずっと続く。

16年から始まった自治会による森林整備は、毎年10〜3月の日曜日（隔週）に実施。50〜60代を中心に有志20人が登録し、毎回7〜8人が集まって作業する。

目指すは崩れない作業道

作業道の維持管理は豪雨対策にとても重要で、黒田さんは森林整備活動の前には軽トラで作業道を回り、落石や倒木、崩れているところがないかなど災害の兆候を確認してまわっている。

じつは森林組合が作業道をつけた当初、路面は土がむき出しの状態だった。これでは雨が降るたびに表土が流されてしまうため、北岡本自治会は16年春に市の補助事業を使って、作業道の路面の緑化を実施。老若男女が5〜6人のグループに分かれ、全長6kmの作業道にクローバー、ハギ、ヨモギ、ススキが混ざったタネをパラパラと手で播いて歩いた。とくにマメ科の草は根粒菌の働きで生長が早いうえ、根をよく張る。秋には草が根付き、路面が少しずつしっかりしてきた。

また、翌春には作業道の「水切り」を行なった。これは、路面を流れる雨水を逃がして浸食を防ぐのがねらいだ。作業道に20〜30mおきに幅深さともに数十cmの溝をスコップやバックホーのツメで道を横断するように付けていくことで谷側に排水するようにしたのだ。

2014年8月の集中豪雨で谷川がえぐられ、滝のような流れにのって土砂が流出した
写真提供＝北岡本自治会（以下（北）も）

北岡本自治会の防災・森林整備活動

2013年	治山ダム建設と間伐事業が採択
2014年	8月に豪雨災害が発生
2015年	自治会による森林整備活動がスタート
2016年	「丹波市木の駅プロジェクト」に出荷開始 作業道の路面を緑化
2017年	チェンソー講習会、第1回植樹祭
2018年	作業道の倒木除去、「防災フォーラム」を開催
2019年	林内作業車・チッパー講習会、第2回植樹祭
2020年	「北岡本30年の森づくり委員会」を結成 第3回植樹祭

森林整備の跡地で広葉樹の植樹祭を開催（北）

北岡本自治会が管理する山

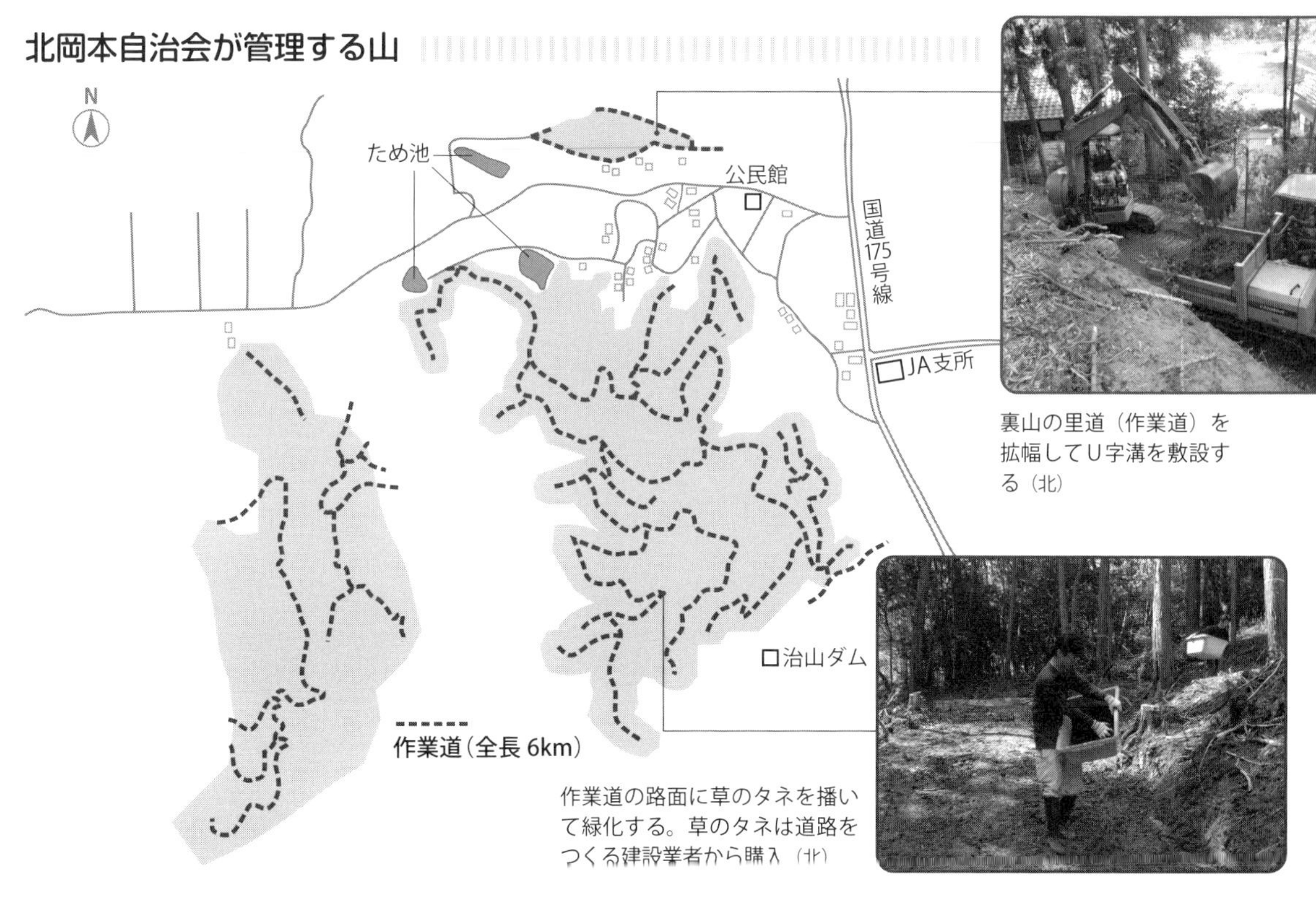

裏山の里道(作業道)を拡幅してU字溝を敷設する(北)

作業道の路面に草のタネを播いて緑化する。草のタネは道路をつくる建設業者から購入(北)

最近では大雨のたびに裏山の細い土水路に土砂が詰まり、山際の独居老人宅を含む数軒が浸水に困っていたところ、自治会のメンバーが重機で山の斜面を削って土水路がついた里道を1mから4mに拡幅。今後は200mにわたって土水路にU字溝を敷設していくことになっている。

広葉樹を植えて「楽しみの山」に

「災害に強い山づくり」の一方で「楽しめる山づくり」として、4年前から力を入れてきたのが広葉樹の植樹だ。17年にはスギ・ヒノキを皆伐した共有林にユズやサクランボ、モミジを植える植樹祭を開催。約200本の苗木を植えて「北岡本フォレストパーク」と命名した。

また、19年冬の植樹祭では山主に許可をもらって、作業道の両脇に2m間隔にモミジを植栽。「落葉樹は葉っぱが土の栄養になるので植生が豊かになる。作業道に沿って植栽が進めば、春には花が咲き、秋には色づくし、クルミやクリなどの木の実も落ちるので、散策路としても楽しい山になるやろ」と黒田さん。徳利病になったヒノキを皆伐した斜面には、クルミやヤマモモ、クヌギ、ハリギリなどを植えた。

広葉樹の植樹祭は、災害復興イベントの一環でもある。これまで北岡本地区に関わってきた関西の大学やボランティア団体など、市内外から多くの人が集まり、ときには100人以上の人がワイワイ山の中を歩き、作業後は地元の人たちと交流する。植えた木の下には名前が入ったプレートを置くので、その後の生長を楽しみに毎年顔を出しに来る人もいるそうだ。

斜面が崩れ、倒れたり根返りしかけた木。倒れ方の程度で切り方を変える

災害現場でのテクニカルボランティアの作業の様子。行政の依頼を受け、林道をふさいでいた木を、重機でつかみ上げられるサイズに切って移動させた

事故を起こさない災害で倒れかけた木の切り方

端無徹也（三重県熊野市・一般社団法人熊野レストレーション）

倒れ方や状況で判断

風倒木とは字の通り風で倒れた樹木のことですが、台風や強風で発生する風倒木と、それ以外の水害や地震などで発生する倒木や流失木などを含めて、我々は災害木と総称しています。

災害木は一般的な伐採処理では対応できないことが多く、林業従事者が最も緊張する伐採です。我々のような災害現場で災害木を処理してきたテクニカルボランティアでも、現場の状況でセオリー通りではない伐採を強いられることがよくあります。

災害木は、風の影響で樹木が根こそぎ倒れたり、完全に倒れないまま、他の樹木や構造物に倒れかかったりします。実際の現場では、家屋や電線などに倒れかかったままのことも多く、道路をまたぐことも珍しくありません。まさに、ライフラインを止めてしまうので、優先して対応すべき事案です。

処理の方法としては、基本的な伐採方法を理解したうえで、支障となる樹木の張力がいちばん大きく作用しているところを見極めながら、そのまま伐倒していいのか、あるいはチルホール（牽引機）やロープシステムを駆使して伐採するのかを算段します。ここで間違った伐採をしてしまうと、人的被害だけでなく、構造物などにも被害を与えてしまいます。

倒れた木の切り方の基本

立木の基本的な伐採では、受け口・追い口の順に切り、その間を蝶番のようにして伐倒します。樹木の重心を見て倒したい方向に倒すのですが、風倒木の場合は、まっすぐに立っていないので重心が変わってきます。また、倒れた木

倒れかけた（根返りしかけた）木の切り方

通常の受け口・追い口で伐採すると、追い口の上で幹が裂けて伐採者に激突したり、予測不能な方向に倒れたりして危険。

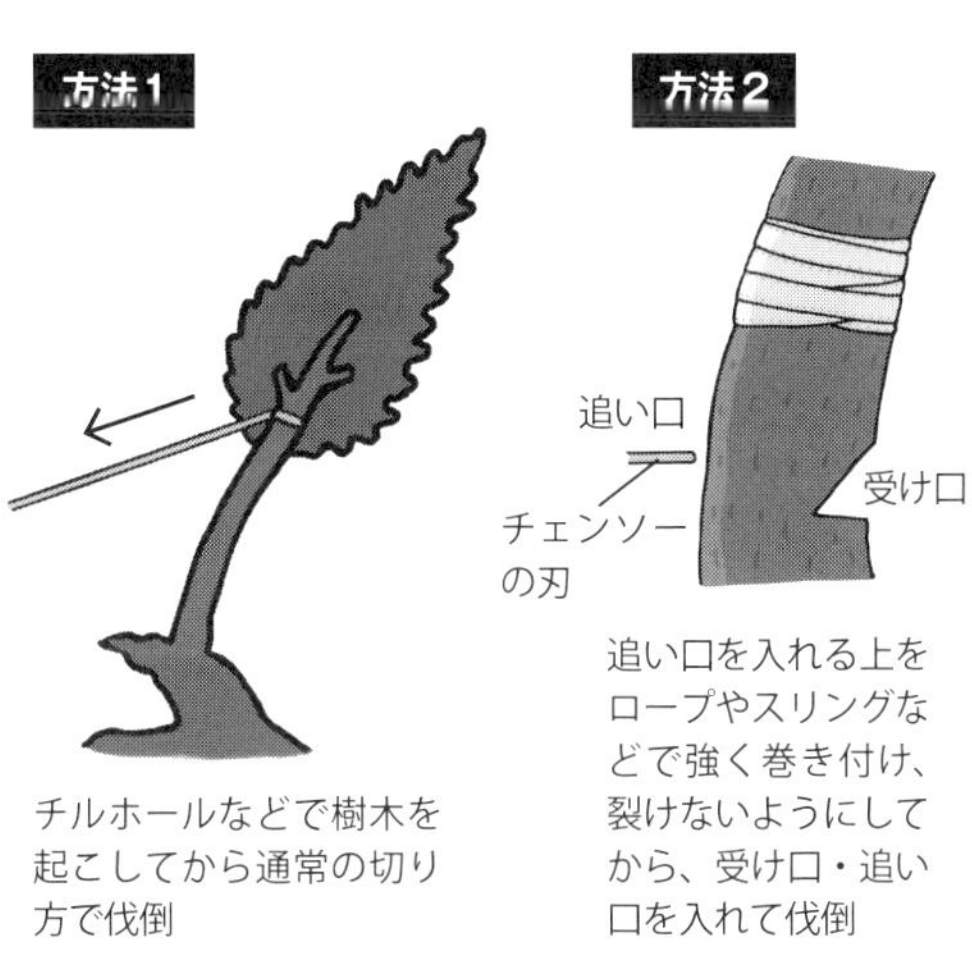

方法1：チルホールなどで樹木を起こしてから通常の切り方で伐倒

方法2：追い口を入れる上をロープやスリングなどで強く巻き付け、裂けないようにしてから、受け口・追い口を入れて伐倒

イラスト＝河本徹朗

基本的な倒木の切り方

転倒した木は異常な張力がかかっている。
切断時の裂けや跳ね返りに注意して切る。

A　幹が下に張り出すように曲がっている

まず幹の上側に、チェンソーの刃を挟まれないように切り欠き（切り欠け）を入れ、下側から切る。

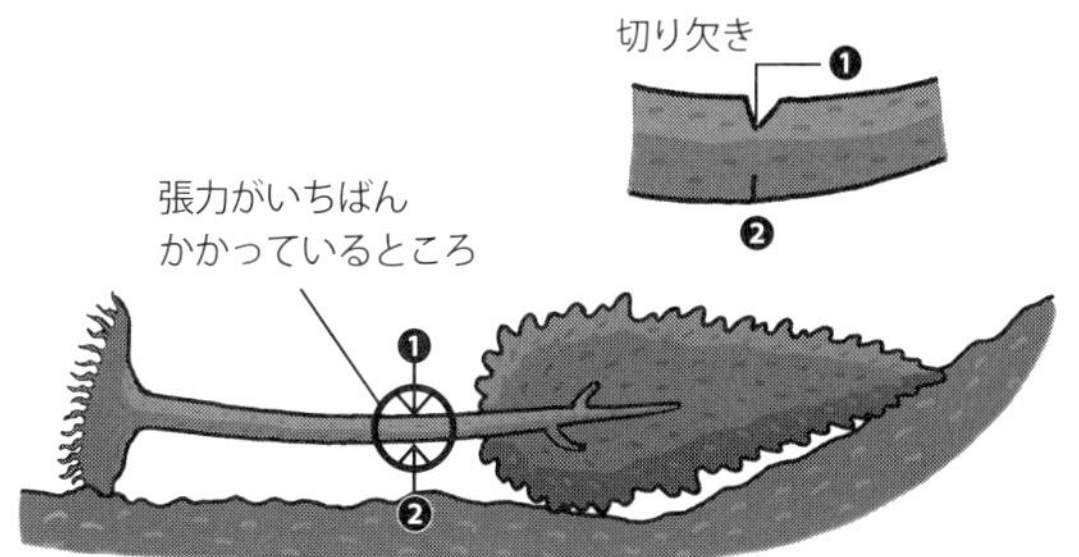

B　幹が上に張り出すように曲がっている

まず幹の下側に切り欠きを入れ、上側から切る。

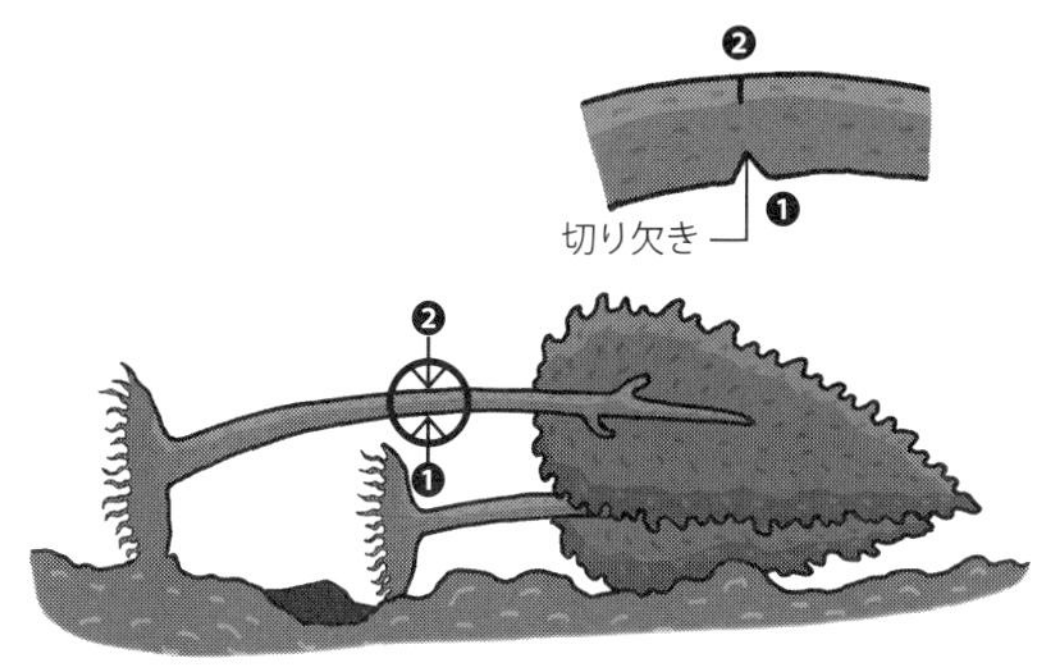

どちらの場合も、幹がいちばん曲がっている付近（張力がいちばんかかっているところ）に刃を入れる。刃は慎重に入れ、もしもの時の逃げ場の動線も確保しておく。切り欠きは、それぞれ反対側から切り始めたときにつぶれて張力を逃し、幹が裂けるのを防ぐ効果がある。

は弓なりになって異常な張力がかかっているので、玉切りする際には倒れ方に応じて切り方を変える必要があります。災害木の処理は経験者に依頼するのが安心ですが、図に基本的な切り方を示しました。

　安易に伐採すると、樹冠の重みがなくなった根元側が大きく跳ね上がることがあります。この跳ね上がりによってチェンソーが宙を舞ったり、大事には至りませんでしたが伐採者がはね飛ばされるのを見たことがあります。また、切断時に幹が裂けて同じようにはね飛ばされる事故も起きかねません。

　なお、一般的な伐採と同様に、災害木でも1本の木にはひとりで対処するのが基本です。たまに、災害現場からの報道などで、災害木に複数で取り付いたり、傾斜している木にロープを掛けて大勢で無理やり引き倒そうとしている場面を見かけますが、事故の危険が高まります。

直根が発達せず、浅根のため倒れた植栽木
写真提供＝山寺喜成

直根苗木で土砂災害を防ぐ

酒井建志（長野県伊那市・諏訪形区を災害から守る委員会）

２００６年7月、長野県中部から南部にかけての豪雨では大きな土砂災害が発生し、死者・行方不明者も出ました。幸い諏訪形集落では人的被害はありませんでしたが、山林内を流れる川から土石流が発生し大きな被害を受けました。

そうしたなか、自分たちの暮らす地域の安全は自分たちで守るという意識が高まり、翌年、災害に強い里山づくりを大きな目標に「諏訪形区を災害から守る委員会」を立ち上げました。メンバーは約20人で、全員が諏訪形の住民です。このうち6～7人は1年ごとに交代し、多くの住民に参加してもらいながら、自分たちが暮らす地域の里山への理解を深めてもらっています。

活動は不要木・危険木の伐採をはじめ山林整備全般にわたりますが、最も力を入れているのが広葉樹の「直根苗木」を植栽することです。

直根を切らない苗木がカギ

直根苗木とは、直根が伸長するように工夫された苗木のこと。植栽すると、実生で育った自然の根系形態に近い形状になります。この辺りの山には50～60年前に植林されたスギやヒノキが広がってい

コブシ（左）とヤマザクラの直根苗木。土壌ブロック部分は、底面の直径約7㎝、高さ約15㎝、貫通穴の直径約3㎝

直根苗木のつくり方

①土や山砂、堆肥等に適宜水を加えて混ぜ、専用の成形器で円筒状の土壌ブロックをつくる。壊れにくくするために日向で干して十分乾燥させる。

②ブロックの中心部には貫通穴がある。早春あるいは晩秋にこの穴へ培土を詰めて播種。

③発芽して苗が育ち、ブロックの底から直根が出始めたら植樹可能。市販の植林用ポット苗と比べてかなり小さい状態だが、ブロックが根系を守ってくれるので植栽後はポット苗よりも順調に生長する。

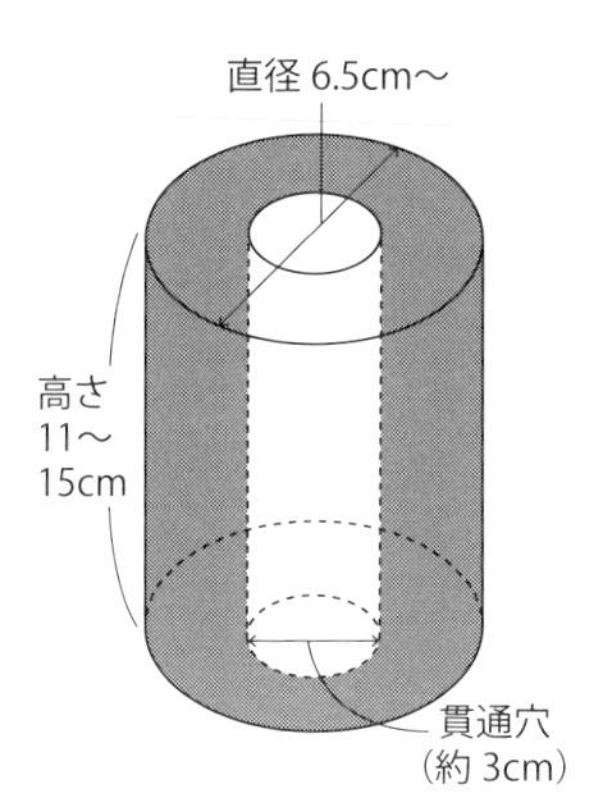

中央に貫通穴をもつ円筒状の土壌ブロック。貫通穴が直根の伸長を誘導する役割をする。側根はブロックの土中へ侵入して伸びる

保育ブロック成型器は1本6万円（税込）。問い合わせは、愛知県知多市のオーバル㈱まで ☎0562-55-2252

苗のブロックをくずしてみると直根がまっすぐに伸びていた

育成中の苗木。直根が土中に伸びないよう、底にコンパネなどを敷く。その上に根を傷めないよう段ボールを敷いてからブロックを並べる

ますが、植栽林は天然林に比べて根系が細くて短いので自然災害に弱いことが知られています。

それは、樹木には本来、重力方向に伸びる太くて長い「直根」があるのですが、細根（側根）を増やして植栽時の活着率を高めようと、苗木を育てるときに直根を切ってしまうのが原因です。一度切った直根が再生することはありません。直根を切っても樹木は育ちますが、浅根で倒れやすい、災害防止の観点からは弱い根系になってしまいます。

これらは元信州大学教授の山寺喜成先生（山地防災学）に教わりました。直根を生かす育苗法もご指導いただき、ヤマザクラやコブシなど広葉樹の育苗と植樹を10年間続け、これまでに800本以上の苗木を植えました。植穴の深さは約30㎝。穴の底の土が硬い場合は、スコップや掘削ドリルなどで直根が伸びやすいように土を軟らかくしました。

最初に植えた苗木は、10年余りで5ｍを超える木に育ちました。今後の生長を楽しみに、下草刈りなどの手入れを欠かさずに行なっています。

人工林の皆伐と保水力の関係

雨水遮断力の洪水緩和機能を活かす

蔵治光一郎（東京大学教授）

「令和2年7月豪雨」と球磨川流域の森林

２０２０年７月、熊本県南部を流れる球磨川で、線状降水帯に伴う大雨と洪水により、人吉市、球磨村、八代市などで甚大な被害が発生しました。球磨村や八代市では、本流の増水に加えて、支流から大量の水、土砂、流木が本流との合流点に流れ込み、鉄道や道路の橋に詰まってあふれたことで被害が拡大しました。

これらの支流の流域のほとんどは森林に覆われていますが、私が21年２月に球磨村と八代市の森林を調査した際にも、依然として多くの林道が通行不能となっており、森林被害の全貌をつかむことは難しい状況でした。

17年３月の林野庁「森林資源の現況」

集落のすぐ近くの裏山で進行している皆伐。2020年7月豪雨時に、左側の皆伐跡地で土砂崩れが起き、流下した土砂が擁壁を押し倒し、家屋が被災した（八代市坂本地区市ノ俣）

によれば、熊本県の単位森林面積当たり木材生産量は2・44㎥／haで、全国平均の0・97㎥／haを大きく超え全国3位の木材生産県です。皆伐や造林も盛んに行なわれており、熊本県林業統計書によれば、13〜18年の6年間で、球磨川流域を含む12市町村の造林面積は、民有スギ・ヒノキ人工林面積の3％で、特に割合が高い球磨村（面積208㎢）では7％（平均125ha／年）に達していました。皆伐跡地がすべて造林されるとは限らないため、皆伐面積はもっと大きくなります。その一方で、同じ6年間で12市町村の除間伐面積の割合は15・8％にとどまっており、間伐されずに放置された人工林も多く見られます。結果として球磨川流域の森林の3分の2を占めるスギ・ヒノキ人工林には、「間伐されず放置された過密人工林、皆伐跡地、植林されたばかりの若齢林」がモザイク状に分布しており、そこへ20年7月に豪雨が襲ったことになります。

　現地調査の結果、17年7月の九州北部豪雨ほど大規模ではなかったものの、林道・作業道・搬出路の法面の表層崩壊や皆伐跡地の表面侵食が多く発生していました。また流木の発生源として、渓流近くまで植林され、放置された人工林が、渓流の増水によって根こそぎ流亡したケースが多く見られました。

森林が持つ3種類の保水力

　森林には洪水緩和機能があります。社会通念としての「森林の保水力」とは、大雨を一時的に森林土壌に保水し、川にゆっくり流すことにより、洪水のピーク流量を下げ、到達時刻を遅らせる作用のことです。森林土壌の保水力が大事であることは間違いなく、土壌が失われるよ

間伐されずに放置された人工林（左側）が、災害前は中央の白い擁壁（一部が倒れている）まで連なっていた。川の増水で水位が擁壁を越えたことにより樹木が根こそぎ倒れ、下流へ流された（球磨村川島の楮木川）

図1　保水力のメカニズム

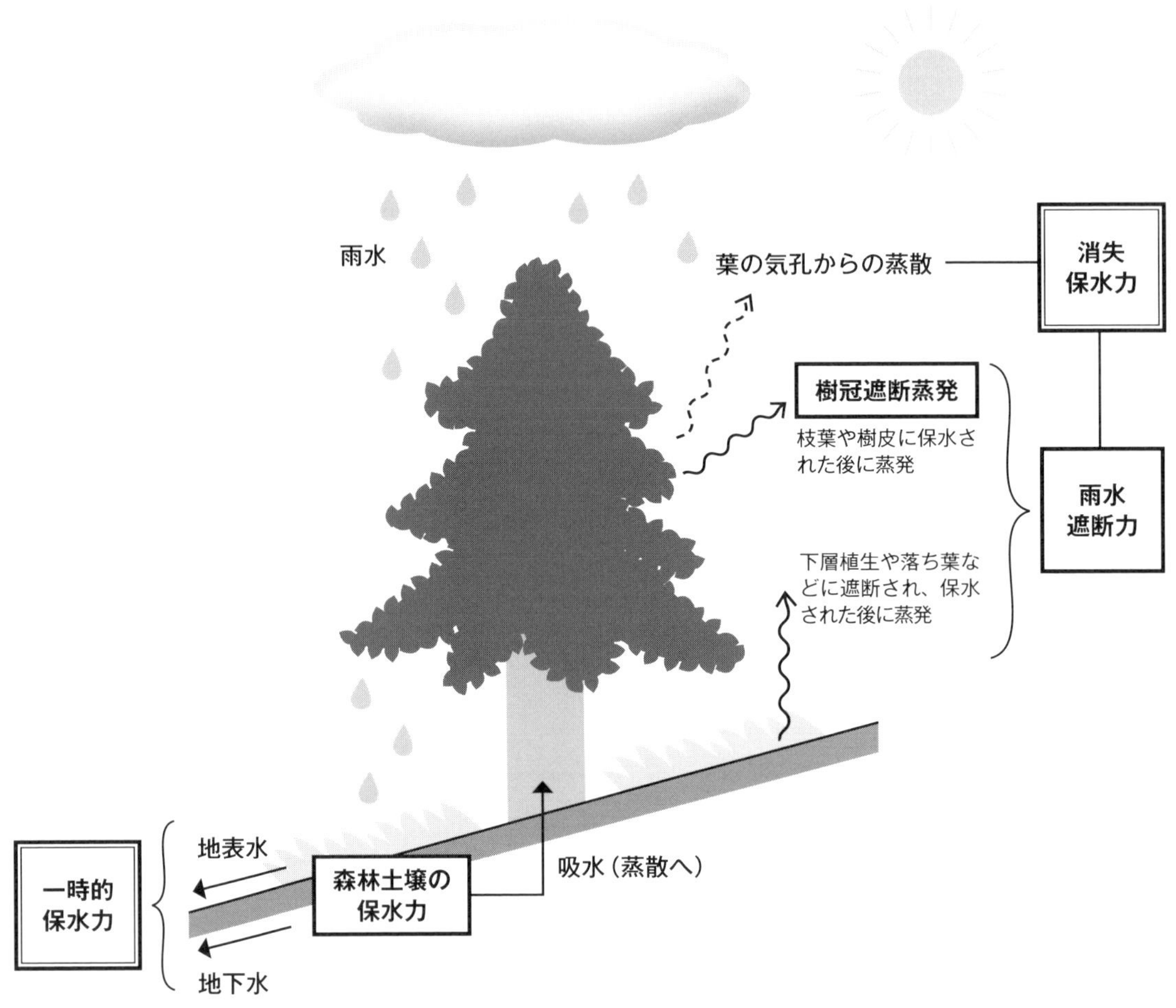

うな森林の取り扱いは避けなければなりません。

じつは、森林にはこの作用のほかにも洪水緩和機能に寄与する作用が備わっていることが専門家には知られています。そのうちの一つに、雨水が土壌に到達する前に樹木の枝葉、樹皮、下層植生、落ち葉層などに付着し、降雨後に蒸発する作用があります。

雨水の一部が森林の枝葉や樹皮に保水され、地面には到達せず、雨がやんだ後に乾いていき、蒸発する作用のことを、専門家は「樹冠遮断蒸発」と呼んでいます。それに加えて下層植生や伐倒木の枝葉や樹皮、落ち葉層なども雨水を遮断し、保水した後に蒸発させる力があります。ここではこの両者を合わせて「雨水遮断力」と呼ぶことにします。

森林土壌に保水された水は、最終的には蒸散によって大気に戻る水と、地表水や地下水となって下流へ流れる水に分かれます。「森林土壌の保水力」というとき、その中には樹木が根から吸い上げて葉の裏側の気孔から蒸発させる「蒸散」も含まれています。それに対して、雨水遮断力は、森林土壌の保水力とは別に発

図2 森林の保水力の分類

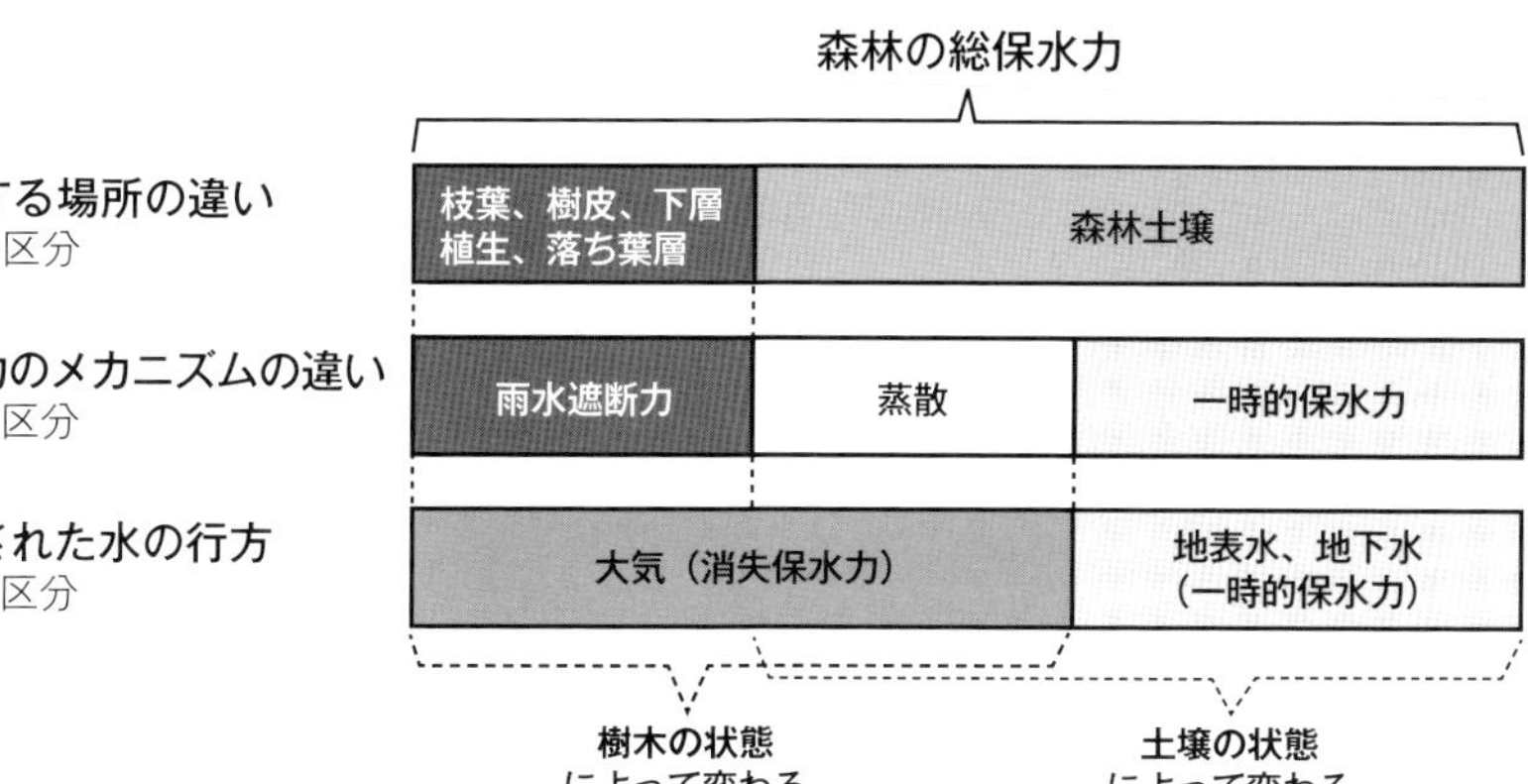

揮される保水力です。

保水する場所で区分すると、森林の総保水力は「雨水遮断力」と「森林土壌の保水力」に分けられることになります。一方で、保水された水の最終的な行き先で分類すると、雨水遮断力と蒸散はいずれも水が水蒸気となって大気に戻るという共通点があります。そこで私は雨水遮断力と蒸散を合わせた保水力を「消失保水力」、森林土壌の保水力のうち蒸散に使われずに地表水や地下水となって下流に流れる水を保水する力を「一時的保水力」と呼んで区別してきました。

森林の総保水力は、裸地や草地に比べて大きいことが知られていますが、その理由は、森林土壌の保水力が大きいことに加えて、森林の雨水遮断力が裸地や草地に比べて大きいためです。

雨水遮断力が洪水を緩和する

洪水をもたらすような大雨時には、森林の雨水遮断力はどれほどの保水力を発揮するのでしょうか。

東京大学千葉演習林での観測では、72年生、932本／ha、平均直径21・5㎝のヒノキ人工林で、1996年7月台風の際の降水量422・5㎜のうち29・8㎜（7％）、96年9月台風の際の降水量402・4㎜のうち24・0㎜（6％）を樹木の枝葉や樹皮の雨水遮断力だけで保水した、という結果が得られています。

また、同じ千葉演習林の森林で樹皮だけの吸水量を2年間実測したところ、樹皮の吸水量は降水量に比例して増加し、100㎜の雨に対して4・7㎜の雨を保水したことが実証されました。大雨の場合、雨水遮断力のうち樹皮の保水力の占める割合が大きいことがわかりました。大雨の後にスギやヒノキの人工林に行き、じっとりと湿った樹皮を押してみると、水がしたたり落ちてくるほど雨水を吸っていることが観察できますが、この水量は、じつは洪水の緩和に影響するほど大きい水量なのです。

一方、落ち葉層の雨水遮断力については、洪水緩和機能に果たしている役割の研究成果が2019年3月に林野庁治山課が発行した「水源の森林づくりガイドブック」（https://www.rinya.maff.go.jp/j/suigen/suigen/index.html）の14ページに紹介されています。6年の調査期間のうち後半の3年間について、実験流域

皆伐後、造林せずに放置された結果、シカの影響もあって植物に覆われることなく土壌が流亡、切り株だけが残った。切り株が腐ると土壌を支えるものは何もなくなる（八代市坂本地区行徳川上流）

全体の落ち葉層を毎年1回、3年間、計44tを剥ぎ取ったところ、大雨時のピーク流出量が1・4〜1・5倍に増えました。落ち葉層が持っていた雨水遮断力が失われたためピーク流出量が大きくなり、洪水緩和機能が低下したことが実証されました。

雨水遮断力に洪水を緩和する機能があることは、日本ではほとんど知られていませんが、欧州では広く知られており、流域治水のメニューの一つに位置付けられています。例えば英国の「Natural Flood Management Measures-a practical guide for farmers（近自然洪水緩和手法—農家のための実践ガイド）」では、洪水を緩和するメニューとして「流れを遅らせる」「水をためる」「水を浸透させる」「雨水を樹冠で遮断する」の四つが挙げられています。

枝葉を等高線に沿って並べてある皆伐跡地（山江村）

森林の保水力低下を抑える木材生産法は

木材生産を目的として人工林を伐採する方式には、利用間伐（伐倒木を運び出す間伐）と主伐（ここでは皆伐を想定）があります。「水源の森林づくりガイドブック」の9〜10ページにある雨水遮断力の説明によれば、降水量に占める雨水遮断力の割合（図では「遮断率」と表記）は、樹木の本数密度が多ければ多いほど増え、1000本／haで17%、3000本／haで27%となっています。

▼間伐したら伐倒木を土留めに

利用間伐は皆伐に比べて、雨水遮断力の低下を少なく抑えることができますが、雨水遮断力をできるだけ維持するためには、間伐率をあまり高くしないほうが望ましいことになります。

現在の日本の人工林の多くを占めている「間伐されずに放置された人工林」の中には、林内に光が入らず下層植生がなく、落ち葉の層が失われ、土壌が流出しているような人工林もあります。このような場所では、森林土壌の保水力がこれ以上失われることのないように、「切り置き間伐」を行なって伐倒木を林内に等高線に沿って並べて土留めとすることが効果的です。切り置き間伐の場合は、伐倒木も雨水遮断力を持っているため、間伐率を高くしても雨水遮断力は維持されます。

▼皆伐しても枝葉は残す

皆伐の場合、林内に光が入らず下層植生がなく、落ち葉の層が失われ、土壌が流出しているような人工林では、もともと土壌の保水力が低下していることに加えて、雨水遮断力を発揮している樹木をすべて除去してしまうと、森林の総保水力はほとんど失われてしまうことになります。土壌の流出が起きていない人工林では、土壌は切り株によって維持されますので、切り株が腐るまでの間は、土壌の保水力は皆伐前と後で大きく変わらないと考えられますが、やはり雨水遮断力が失われてしまうことは避けられません。

ただし、皆伐による雨水遮断力の低下は、集材の方法を工夫することによって緩和することができます。

近年では枝葉もバイオマス燃料として販売できるため、伐倒木の枝葉をその場で払わずに丸ごと集材する「全木集材」という方式が選択されることがありますが、この方法では枝葉が伐採跡地に残らないため、雨水遮断力の低下を和らげることができません。その点、伐採跡地に枝葉を残す「全幹集材」を行なえば、残した枝葉が雨水遮断力を発揮しますし、枝葉はやがて腐って土壌の原料となっていきます。全木集材を避け全幹集材を選択することは、洪水緩和機能の低下を和らげる効果があります。

加えて、土壌流亡の恐れがある伐採跡地では、枝葉を等高線上に並べて土留めとすることで、雨水遮断力の低下だけでなく、土壌の流亡を抑え、保水力を回復させる効果も期待できます。

◇

地域の持続性を考えるにあたり、木材生産を持続的に行なうことも、森林の洪水緩和機能を維持することも、ともに重要ですが、科学的な研究の結果、両者を両立させることは難しいことがわかっています。木材生産には様々なやり方があり、地域の実情に応じて選択されることが基本です。皆伐よりも利用間伐のほうが保水力の低下を最小限にとどめられますが、やむを得ず皆伐を選択する場合は、枝葉や樹皮はできるだけ伐採跡地に残し、置き方を工夫して土壌の流亡を防ぐことにより、保水力の低下を和らげることができます。

なお、ここでは洪水緩和機能だけを解説しましたが、渇水緩和機能に関しては、消失保水力がマイナスに働きます。渇水の心配がある地域では、洪水緩和機能の場合とは逆に、消失保水力を低下させたほうがプラスになる場合もあることに留意する必要性を最後に付記しておきます。

ワンカップ雨量計

藤松 守（長野県池田町・陸郷自治会）

手づくりのワンカップ雨量計（180mℓ）。屋外の平らな場所に置く

2004年の台風23号で道路が崩落。通行止めが数日続いた

住民の記憶をたどり、かつて土石流や地滑りが起こった場所を地図に落とし込んで防災マップを製作

陸郷（りくごう）地区は19世帯36人が暮らす山間部の集落です。国の「地すべり防止区域」に指定されるような急峻な地形で、大雨による土砂崩れが多いところです。そこで2017年、地元の自主防災会は県の補助事業を活用し、自主避難計画を策定。住民独自の避難基準の目安としているのが「ワンカップ雨量計」です。

つくり方は、酒のワンカップの空きビンに1㎝刻みのメモリを書いたシールを貼るだけです。雨が降り始めたら屋外の平らな場所に置いて雨量を計測します。

避難基準はカップに溜まった雨の量を見て、降り出しから1時間の雨量が20㎜以上、もしくは連続雨量が100㎜以上のどちらかになった場合です。その際は、各班長が住民に知らせ、速やかに集落センターに避難する段取りになっています。自主避難計画では土砂崩れ危険区域などを書き込んだ防災マップも製作し、全戸配布しました。

19年秋の台風19号が接近した際は、幸い池田町は雨量が少なく土砂崩れはありませんでした。それでも、ワンカップ雨量計を見ていつでも自主避難できるように集落センターの鍵を開け、準備万端で備えることができました。

PART 3

水路・ため池・川の水害に備える

水田の貯水機能を活かした「田んぼダム」

2004年、新潟県見附市の市街地を襲った豪雨災害（当時は田んぼダム未設置）

田んぼ・ため池の貯水機能を活かす

安い・簡単・効果大！

田んぼダムのしくみと効果

吉川夏樹（新潟大学農学部教授）

明治時代に近代土木技術が欧州から導入されて以降、わが国の治水対策は力ずくで洪水を河道内に押しとどめるという思想に基づき、大きな堤防を築くなどの河川整備に頼ってきた。しかし、近年の大規模水害の増加を背景に、2020年7月に国土交通省が公表した防災・減災対策のなかでは、従来の河川整備中心の治水対策から流域のあらゆる関係者の総力で水害に挑む「流域治水」への方針転換が示された。こうしたなか、流域に面的に広がる水田を活用した水害抑制の取り組み「田んぼダム」が注目されている【図1】。

田んぼダムのしくみとタイプ

田んぼダムは、大雨のピーク時に雨水を水田に貯留し、時間をかけてゆるやかに排水路に流すのがねらい。例えるなら、ラッシュアワーの電車の混雑を抑える「時差通勤」のようなものである。通勤時間を分散して過度な混雑を緩和するように、まずは流出が速い都市部の雨水を流下させ、水田地帯からの流出を遅らせる。これにより一時に大量の水が河川や排水路に集中するのを抑えることができ、結果として氾濫の危険性を減らすことになる【図2】。

図1　田んぼダムの設置場所と役割

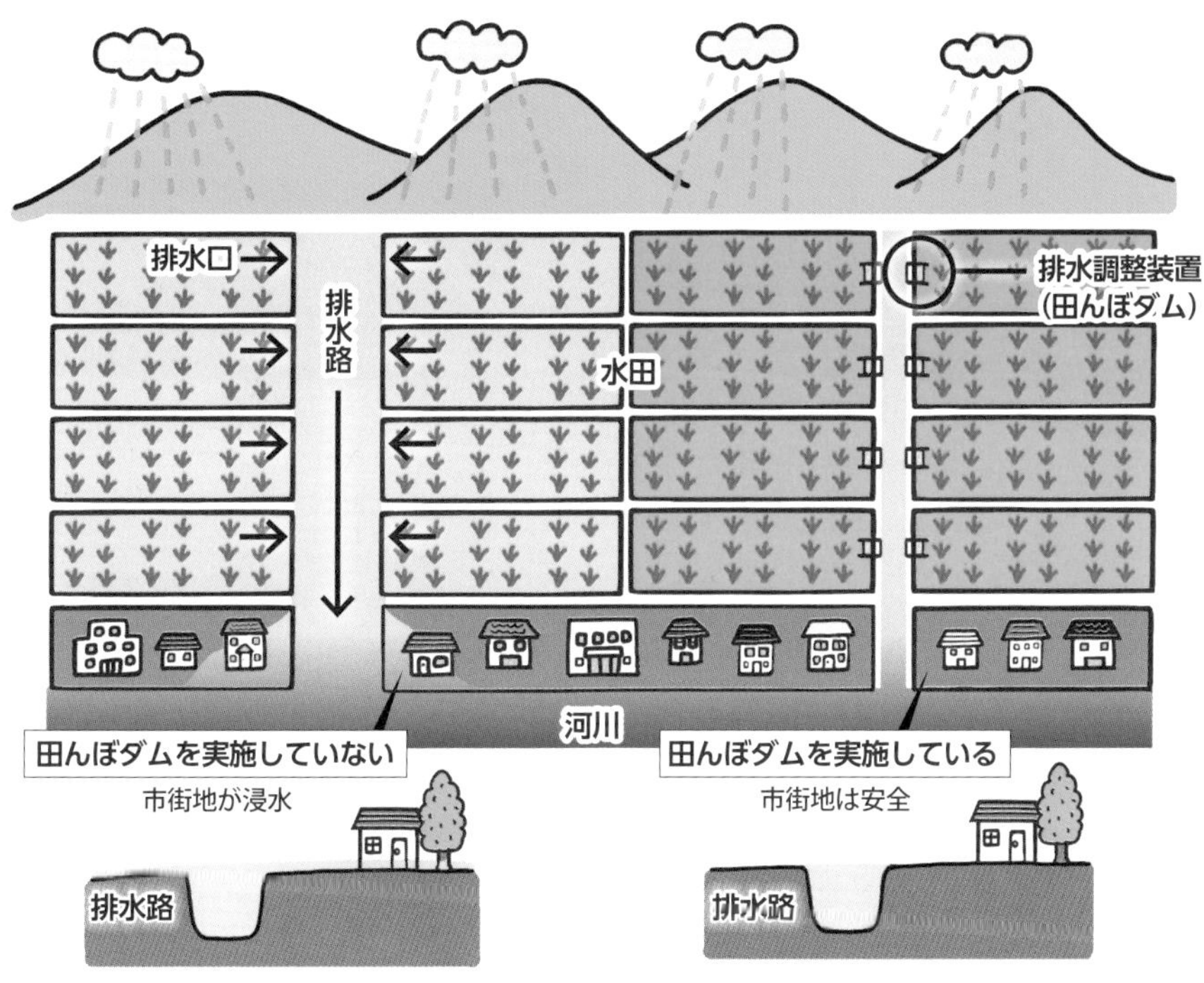

雨水を一時的に田んぼに貯めて放流を少なくすることで、排水路や河川の増水を抑えて水害を減らす

しくみはいたって単純で、田んぼの排水口の断面を小さくするだけでよい。といっても、何も考えずに排水口を縮小するだけでは米づくりに影響し、農家の参加は望めない。

「機能一体型」は水位管理に支障あり

田んぼダムの設計例として、排水枡の水位管理用の堰板に切り欠きや穴を設ける方式がある。一つの堰板に水田の水位調整機能と田んぼダムの流出抑制機能を持たせるため、筆者は「機能一体型方式」と呼んでいる【図3】。

作製が容易ですぐに取り付けられることから、取り組みの導入段階で採用されるケースが多い。しかし、この方式は排水施設の入口部分を狭めて、直接田面水の流出を制御するので、少量の雨でも湛水が生じてしまう。とくに水田を乾かしたい中干しの時期においてこの問題は深刻である。田んぼダムは10年に1回程度発生する大雨時に効果を期待するものなので、普段の営農への影響は極力避けなければならない。

「機能分離型」なら手間いらず

一方、筆者が開発したのが「機能分離型方式」。すなわち、農家がふだんの水管理に利用する堰板とは別に、排水枡内部に排水口より小さい穴の開いた板等を設置することで、水位調整と田んぼダムの機能を分けるのである。

この方式では、水位調整用の堰板を越えて枡に入る水量が枡内に設けた穴から出る量よりも小さければ田んぼダムの機能は働かず、通常通りの水管理ができる。雨の降り方

イラスト＝河本徹朗

や穴の大きさにもよるが、おおむね50㎜以上の降雨がない限り、田んぼダムの機能が発現しないよう設計してある。

安い、早い、面積が大きいほど効果大

従来型の治水対策に対し、田んぼダムの特徴は以下の3点に整理できる。

第1に、「面」で効果をもたらすこと。縮尺の小さい地図で見れば、河川は線、ダムも点のように見えるが、水田地帯は面的に広がる。大雨時に水田に貯留される雨水は、水深に換算するとわずか10㎝程度であるが、取り組み面積が大きければ大きいほど洪水ピーク抑制効果は大きい。

図2　田んぼダムによる河川流量の低減効果

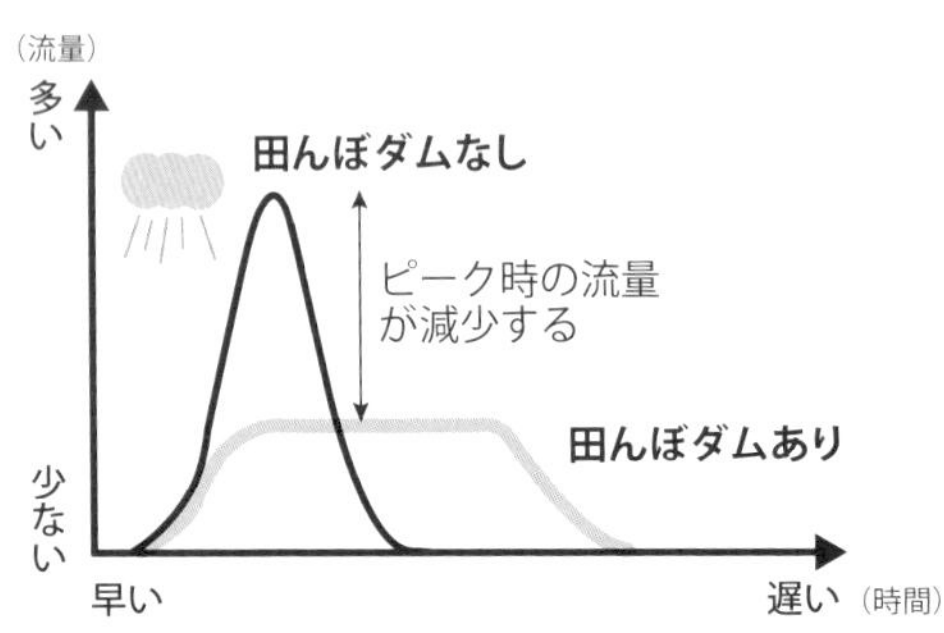

出典：新潟県農政部「田んぼダムで安心な暮らしを」を一部改変

田んぼダムの効果により、水田に水が貯まる時間が長くなり、ゆっくり時間をかけて排出される。そのため、排水路や流下する河川に一度に流れる水量を減らせる

田んぼダムの実施で排水量が減った（梅雨時期の降雨後に撮影）

写真提供＝思川西部土地改良区

第2に、設備の導入費や維持管理費が小さいこと。既存の水田を利用するため、初期費用は排水量を抑えるための装置の製作費のみである。田んぼダム発祥の地・新潟県村上市神林地区の場合は、コンパネ板を30㎝四方にカットし、中央に5㎝径の穴を開けたものを使用しているが、材料費は1枚３００円程度。筆者らが２０１３年に開発し、新潟県見附市で採用となった円筒形の装置でも1個３０００円である。基盤整備済みの水田は50aに2カ所の排水口があるため、10a当たりの費用は、前者が１２０円、後者は１２００円となる。

ちなみに、11年7月の新潟・福島豪雨では田んぼダムのピーク時の貯水量は２７２万㎥（筆者らの試算）に及んだ。これと同規模の貯水量が期待できる刈谷田川遊水地の総事業費は34億円となることから、はるかにコストパフォーマンスがよいことになる。

第3に、効果の即効性が挙げられる。水害を経験した地域住民は迅速な対策実施を望むが、治水ダムや河川改修は構想から竣工までに長い時間を要する。田んぼダムは農家の合意が得られれば、翌年からでも実施できる。

豪雨災害で発揮された田んぼダムの実力

11年7月新潟・福島豪雨が発生した当時、被害の集中した新潟県中越地方および下越地方では、長岡市深才地区、見附市貝喰川地区、新潟市白根地区の3地区ですでに田んぼダムが実施されていた。

筆者らの現地踏査とシミュレーションの結果、田んぼダ

図3　田んぼダムのしくみと装置

通常の水田

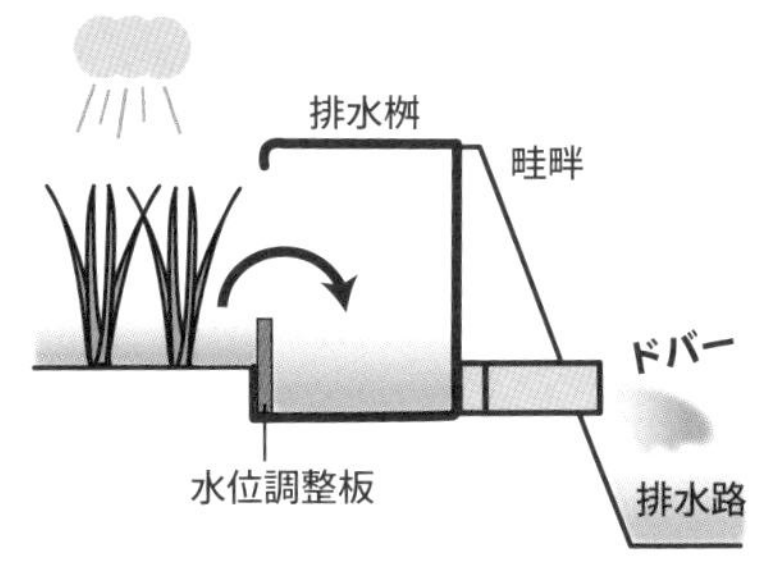

機能分離型の田んぼダムの装置。前面（水田側）の堰板は水位を管理し、奥の排水調整板は直径4cm程度の穴で排水量を抑制する

機能分離型の装置

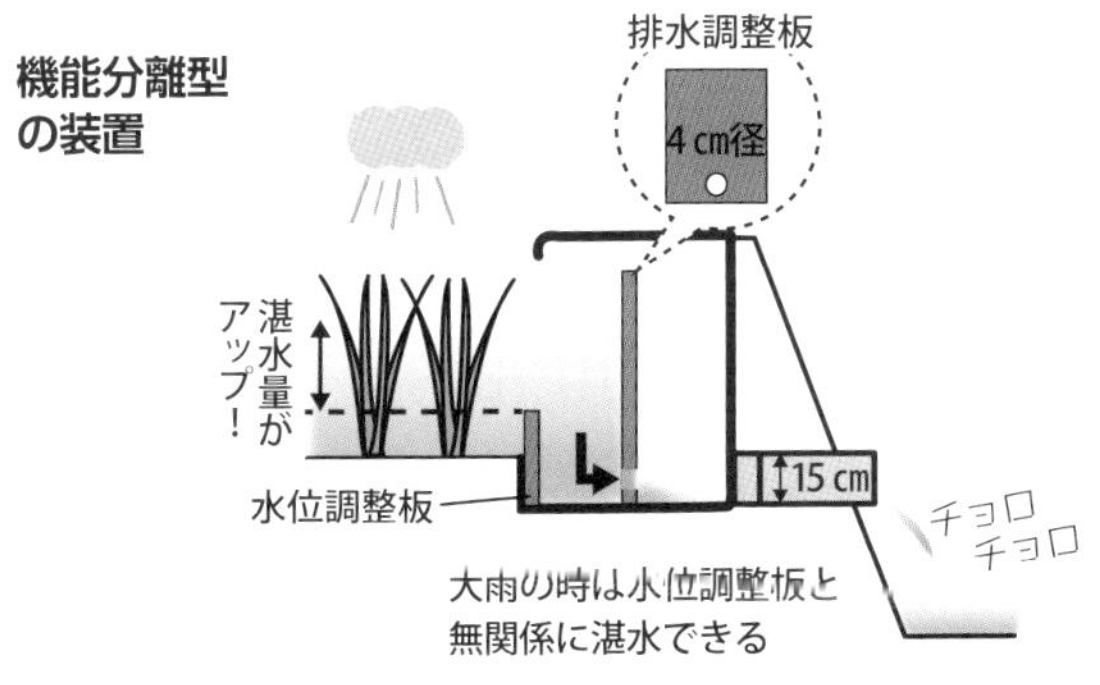

排水調整板で排水量を絞ることで田んぼに多くの水を貯め、排水路の急激な水位上昇を抑えることができる

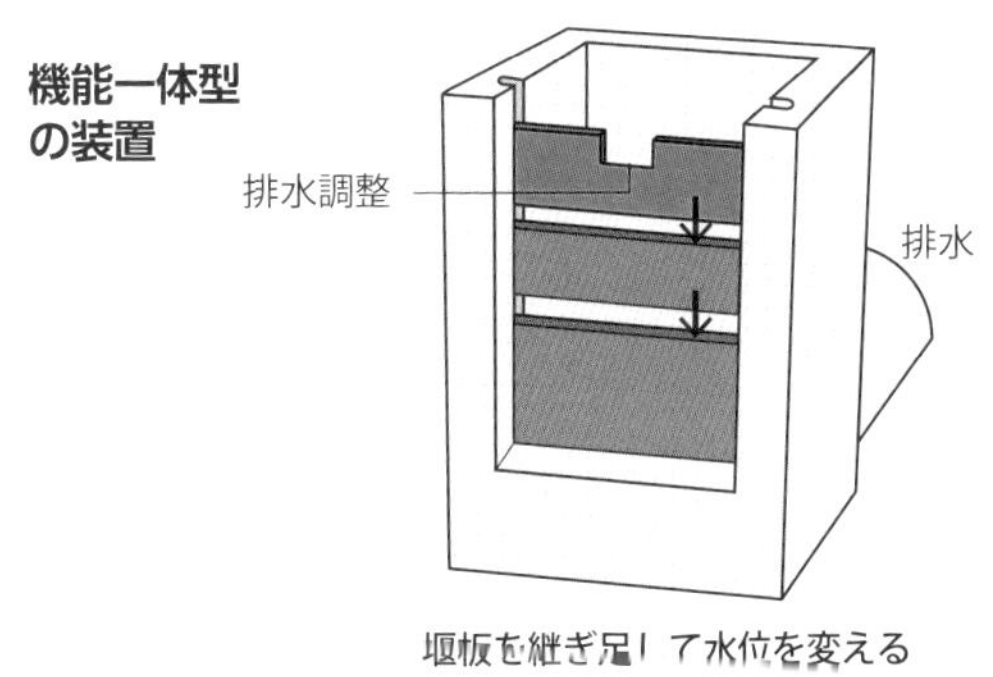

日常の水位調整機能と田んぼダムの排水調整機能が一体化。少量の雨でも湛水するので、中干しの邪魔になる

ム実施による浸水面積の減少率は、深才地区で30％、貝喰川地区で15％、白根地区で23％、氾濫水量の減少率はそれぞれ、33％、19％、25％であった。本豪雨災害で田んぼダムの効果が実証されたことになる【次ページ図4】。

　また、田んぼダムの水害抑制効果と降雨確率から、白根地区を対象に田んぼダムが持つ経済的価値を試算した結果、1年当たり3・2億円となった。これを当時の田んぼダム事業区域内の水田面積2900haで割ると、10a当たり毎年1万1200円の便益を提供することになる。水田の本来の目的である稲作によって得られる所得は、平均で10a2万円程度。田んぼダムを実施すると、その半分以上の価値を水田が新たに副次的効果として創りだすことになる。

多面的機能支払を使った普及の仕方

　ただし、田んぼダムの普及には難しい面もある。この取り組みが従来の治水対策と大きく異なるのは、施設の整備（装置の設置）がゴールではないことである。すなわち、効果の規模は参加する農家の適切な維持管理にかかわっており、農家の協力なしには成立しない。仕掛けの装置だけでなく、貯水に耐えうるアゼの管理も重要である。ていねいなアゼ塗りや除草剤に頼らないアゼ草刈りが不可欠となる。農家の自発的な意思やボランティア精神だけでは、田んぼダムの普及は期待できない。

　こうしたなか、14年6月に「農業の有する多面的機能の発揮の促進に関する法律」が成立し、多面的機能支払交付金において、田んぼダムが防災・減災力強化のメニューの一つに位置づけられた。現在、多くの活動組織がこの交付金を利用して田んぼダムを実施している。とりわけ、04年新潟・福島豪雨災害で大きな被害があった新潟県見附市は取り組みの最先端地域であり、市内の圃場整備済み水田1200haで田んぼダムを実施している。

一般的に、多面の活動組織は集落単位の小さいものが多いが、見附市の場合は市内66集落が参加する「見附市広域協定」を締結している。煩雑な申請書や報告書などの事務処理は事務局に一本化し、農家は活動に専念できるようになった。

また、見附方式が優れているのは、広域協定によって集落を越えた活動ができることである。市内には高齢化が進み畦畔管理すらままならない集落もあるが、若手が多く余裕のある集落（法人など）に出役を依頼することができる。アゼ塗りをすれば1m50円、畦畔の草刈りをすれば1a100円の収入になるので、積極的に引き受ける動機にもなる。田んぼダムの取り組みを通じて、結果として交付金が地域全体の農地の荒廃を抑制しているのである。

図4　田んぼダムによる浸水軽減効果
（新潟市白根地区の例）

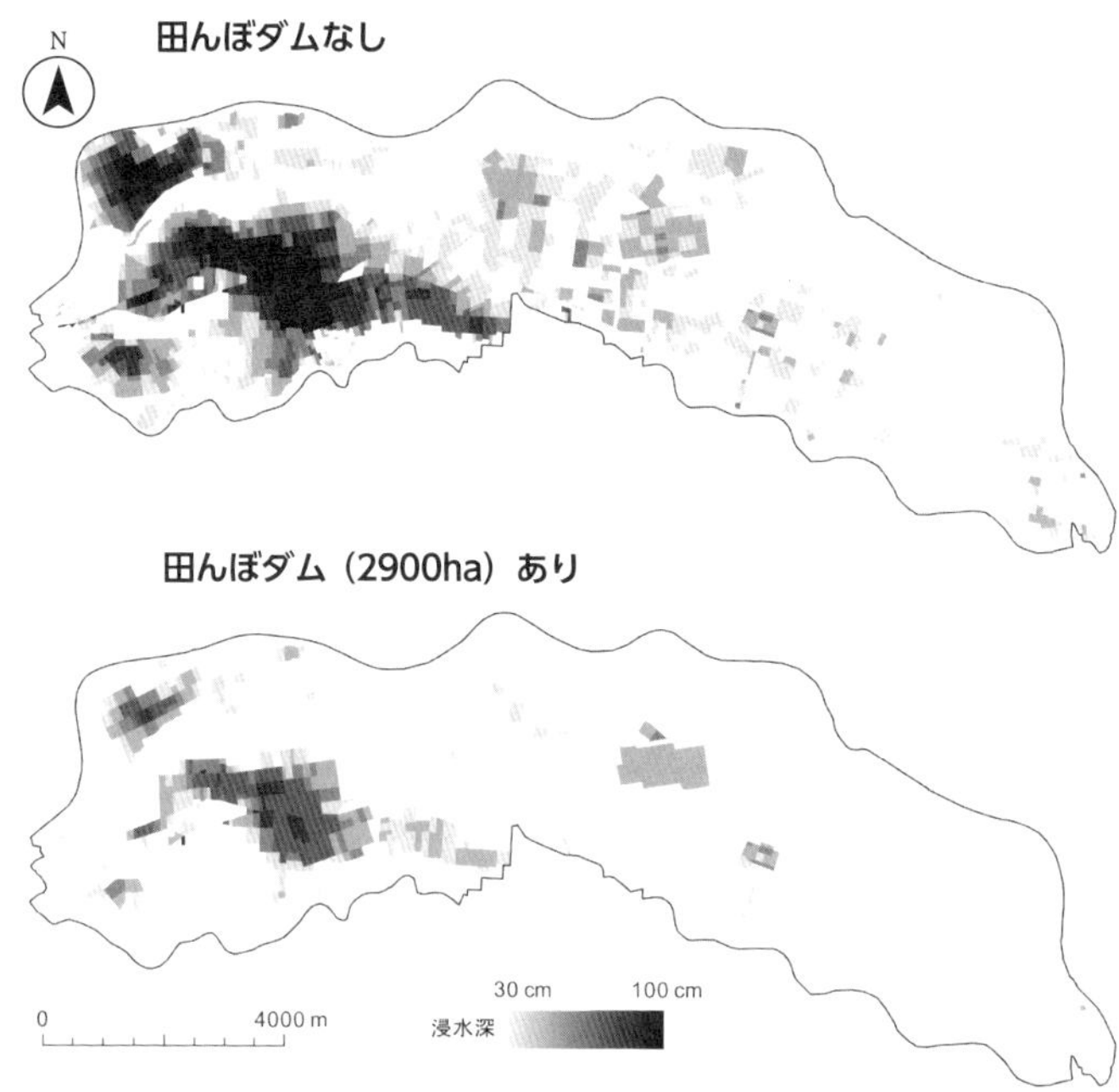

黒～灰色の部分が大雨による浸水域。筆者のこれまでの経験から、集水域（川に雨が集まる範囲）の2割以上が水田なら、田んぼダムは目に見える効果がある

グリーンインフラとしての水田を維持するために

近年、欧米を中心に発展してきた「グリーンインフラ」の考え方が、わが国でも取り入れられつつある。これは、人工構造物からなる「グレーインフラ」の対義語として使われ、自然が持つ多様な機能を賢く利用することで持続可能な社会を形成するものである。水田は人工物であるものの、自然との調和のなかで長年にわたり人の手が入ることで維持されてきた。それらが持つ多面的機能がわが国の国土保全に寄与していた。広大な面積を考えれば、水田はわが国最大のグリーンインフラといっても過言ではない。

しかしながら、このグリーンインフラは高齢化・担い手不足のなかで危機的状況にある。多面的機能は、水田本来の目的である生産の副産物であるため、農地が荒れれば享受できる恩恵も同時に減ることになる。今ある農地をいかに維持し次世代につなげていくか。田んぼダムがその一助になることを期待している。

畦畔のかさ上げで貯水量アップ

石川正志（山形県新庄市・塩野地域資源保全会）

バックホーで転作田の畦畔をかさ上げ。上幅50㎝、高さ30㎝に成形する

塩野地域資源保全会は、２００７年に塩野集落の38人（うち農家36人）で設立。多面的機能支払の協定面積は２０８ha、毎年９６７万円の交付金を受けています。

当地は、１９６０年代の泉田川農業水利事業により農業用ダムや幹線水路が整備されました。しかし、排水路が１カ所に集中していることから大雨が降るたびに末端部分に負荷がかかって水があふれ出し、付近の転作田や住宅地で浸水被害が起きていました。

そこで、保全会では多面的機能支払の「防災・減災力の強化」のメニューを選択し、14年から「田んぼダム」の取り組みを開始しました。20年は１０８ha（６００枚）で田んぼダムを実施。資材代や作業日当など、合計２４０万円ほどの交付金を充てています。

とくに力を入れているのが、畦畔の強化。田んぼダムを機能させるには、しっかりとしたアゼづくりが欠かせません。田んぼダム用の畦畔の高さは、おおむね田面から30㎝としました。通常のアゼより５～10㎝かさ上げすることで貯水量を増やしました。

春先、トラクタにアゼ塗り機を付けて畦畔を補強したり、長年の転作で畦畔が傷んでいるところはバックホーを使ったりもします。重機を持っていない農家は、塩野営農会のオペレーターに委託し、水田１枚（約30a）当たり４０００円の作業料（委託料）を、多面の交付金から出しています。

6月中旬の中干し以降、収穫までは間断かん水となりますが、保全会では豪雨時はできるだけ田んぼに雨水を貯め、排水路から徐々に排水するように努めています。

18年8月、新庄市は24時間雨量が２６８㎜というこれまで経験したことがない豪雨に見舞われました。地元の土地改良区がダムからの取水を止めるなど迅速に対応するなか、私たちの田んぼダムも２日間にわたって大量の雨水を貯め込みました。その甲斐あってか、想定していた排水路末端の越流や周辺住宅への浸水被害を回避することができました。

2018年の最上・庄内の大雨時に、田んぼダムが効果を発揮。雨水を田んぼに貯め込んで排水路があふれるのを防いだ

田んぼダムの拡大に多面的機能支払をフル活用

平本隆幸（栃木県小山市・思川西部土地改良区）

ゲリラ豪雨で100haが水没

思川西部農村環境保全会（以下、保全会）は、栃木県小山市の南西部、一級河川の思川と巴波川に挟まれた1840haの農地で活動している。2014年、思川西部土地改良区内の26集落・1450戸がまとまって保全会を設立。以来、毎年8400万円ほどの多面的機能支払交付金を受け、農道の草刈りや水路の泥上げのほか、田んぼアートなどの景観形成にも力を入れてきた。

15年9月の関東・東北豪雨では、3日間の総雨量が325㎜に達し、市内の1525棟が浸水被害を受けた。思川西部土地改良区内では、排水機場の2基のポンプをフル稼働したにもかかわらず、約100haの区域で1mを超える湛水被害が1週間ほど続いた。

管内の農家から不安の声が寄せられるなか、保全会では「多面」を使った対策を検討し、すぐに実行できる田んぼダムに取り組むことにした。15年冬のことだ。

2015年9月の関東・東北豪雨で住宅や道路、田んぼに浸水被害が発生

水田の貯水機能を活かした「田んぼダム」に取り組む思川西部農村環境保全会のメンバー
写真＝曽田英介（以下＊も）

交付金で落水枡を毎年配布

翌春には先進地の新潟で研修を重ね、様々なタイプの田んぼダムが存在することがわかった。当初は安価なタイプの導入を検討していたが、使い勝手や設置後の維持管理のしやすさを考慮し、新潟市と同じ「軽量落水枡」に決めた。

これは、機能分離型の装置で水位調整板を越えて枡に入る水量が排水調整板の穴から出る量よりも小さければ田んぼダム機能は働かず、通常通りの水管理ができる利点がある。

設置箇所は、管内二つの流域のうち先の関東・東北豪雨で被害が大きかった南側エリア（1193ha）とし、該当する14集落で取り組むことにした。田んぼダムの性格上、上流の集落から優先的に設置を進めたほうが効果的だが、一つの集落に集中して依頼するのは合意形成に時間がかかる。そこで、14集落すべてに軽量落水枡を毎年50基ずつ配布し、設置する田んぼは集落内で決めてもらうことでス

排水口がある畦畔を掘って、田んぼダムの装置を設置する

軽量落水枡は、水位調整板と排水調整板を分けた「機能分離型」。ポリエチレン製で軽い

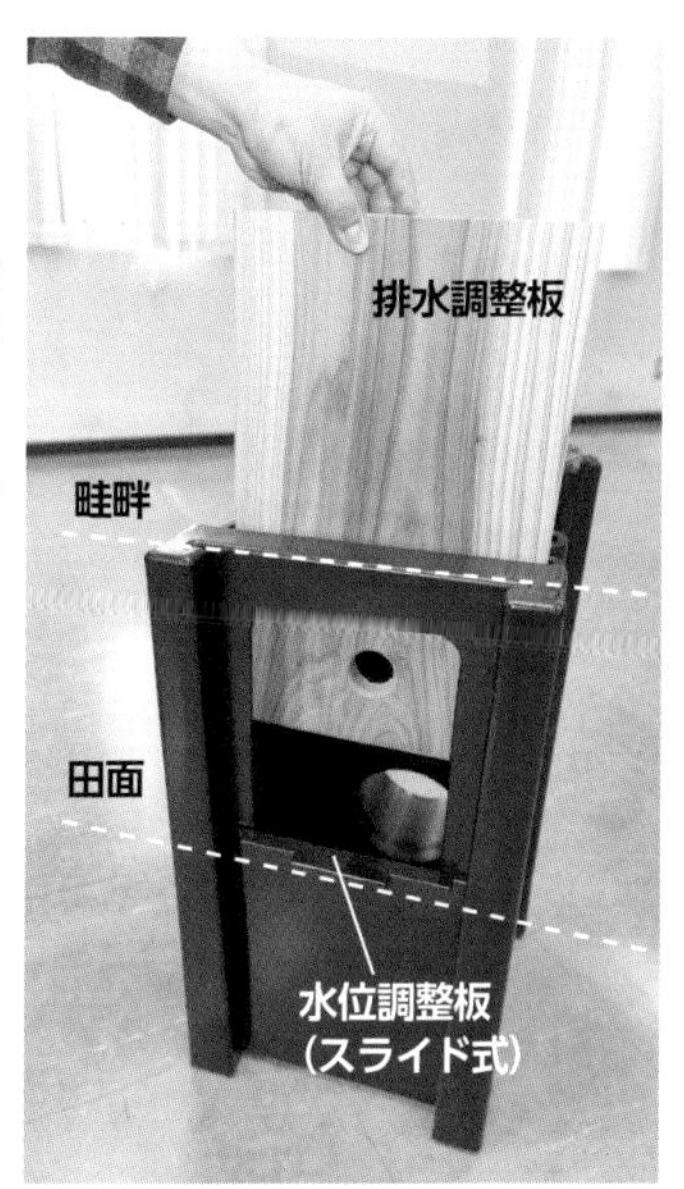

軽量落水枡
（東北興商㈱　1基当たり1万5000円程度）

スライド式の水位調整板を上げ下げして水位を調整できる。排水調整板はスギ材で、水に浸かっても腐りにくい。本体の奥行は48.5㎝

（＊）

設置・維持管理に「多面」を活かす

軽量落水枡の設置の様子。畦畔の漏水を防ぐため、周囲をしっかり締め固める

多面的機能支払には田んぼダムの推進に関するメニューがあり、設置費用や維持管理費用に交付金を使うことができる。今年度からは「水田の雨水貯留機能の強化（田んぼダム）の推進」の加算措置（水田400円/10a、5年以上の継続組織300円/10a）も始まった。

思川西部農村環境保全会の場合は、
軽量落水枡（資材代）1万5000円
設置作業の労賃：1基当たり1000円
設置後の管理費：1基当たり500円を
交付金から毎年支出

＊北海道の加算措置は320円/10a
5年以上の継続組織240円/10a

ピードアップを図った。

また、保全会では田んぼダムの機能を確実にするために「田んぼダム（落水枡）設置の基本方針」を策定。①設置数は、30a未満は1カ所、30〜60a未満は2カ所、60a〜1haは3カ所とする、②設置作業を個人でする場合は1基1000円の労賃、業者に頼む場合は5500円の委託料を交付金から支給する、③設置する田んぼの畦畔高は20cm以上、④排水調整用の堰板は通年付けておく（ムギ・ダイズなど、排水障害を起こす水田は常時設置を免除）など、ルールを統一した。

4年で800haが田んぼダムに

そして1年間の効果検証を経て、17年から5カ年計画で軽量落水枡の設置を始めた。初年度は560基（206ha）、2年目は546基（197ha）、3年目は425基（156ha）、21年4月時点では2177基（約800ha）に広がった。

田んぼダムに参加する農家は280人以上にのぼり、なかには30〜50基の落水枡を管理する大規模法人や個人の担い手もいる。これまで目立ったトラブルはなく、心配していたワラや刈り草による排水口の詰まりも起きてない。

これは、保全会が田んぼダム（落水枡）を管理する農家に、「多面」の交付金から1基当たり500円の管理費を毎年払っていることが大きい。わずかな金額だが、日々の水管理のついでに落水枡の点検や清掃を行なってもらうためのインセンティブになっている。

下流域の浸水被害が減った

さて田んぼダムの効果だが、宇都宮大学の検証によると南側（193ha）の田んぼダムの貯水量は、約34万tになることがわかった。50年に1度起こりうる大雨（2日間で250mmの雨量）のシミュレーションでは、浸水被害の面積が2割近く減少するという結果も示されている。

保全会は田んぼダムの設置以来、17年の台風21号（総雨量175mm）や19年の東日本台風（総雨量218mm）を経験したが、冒頭の関東・東北豪雨ではあふれていた田んぼの排水路がスムーズに流れており、下流での浸水被害もまったくなかった。現状で南側の田んぼダムの進捗率は70％程度だが、豪雨時の治水効果は十分に期待できる。

保全会では、20年度から北側エリア（920ha）の田んぼダムの整備も始まった。21年度に完了予定の南側エリアでは、田んぼダムの効果が持続するよう施設の維持管理に取り組んでいく。

軽量落水枡は、小さい雨なら排水を抑えることはないので、排水調整板は入れたままでも問題ない（＊）

気になる米づくりへの影響

まとめ＝編集部　写真＝曽田英介

思川西部農村環境保全会の田んぼダムは、すべて機能分離型の「軽量落水枡」を使用。排水量を調整する板は、基本的には一年中入れたままでよいが、米づくりには影響がないのだろうか。農家に率直なところを聞いてみた。

アゼの強度を保つため、アゼ草は除草剤を使わず刈り払い機で年3回以上刈ってます。落水枡（田んぼダム）を付けて4年目になるけど、水漏れはないし、米の品質や収量なども変わりませんね

青木幸雄さん（72歳）
水稲30a

代かきのとき、排水調整板の穴にイナワラや前作のムギワラが詰まりやすいな。でも、水を少なめにした代かきでワラをよくすき込んだり、代かきのときはワラが流れ込まないように水位調整板を高くすれば大丈夫。米づくりには影響はないよ。むしろ、スライドする水位調整板が付いているおかげで水管理がずいぶんラクになった

篠原正巳さん（72歳）
水稲8ha、大麦11ha

15年の関東・東北豪雨であふれていた排水路が、田んぼダムを付けてからは台風が来てもスムーズに流れている。大雨のたび、俺の田んぼダムも頑張ってるぞって気持ちになる

白井正宏さん（73歳）
水稲1.2ha、大麦10a

排水調整板の板にゴミが詰まっていないか点検する

いろいろあるぞ田んぼダムの排水調整板

まとめ＝編集部

地元の子どもたちがつくった排水調整板をつけて田んぼダムにする（鳥取県・河内環境保全の会）

V字スリット式堰板

鳥取市・稲常環境保全の会　西尾克彦さん

当地は、山と1級河川の堤防に囲まれた小さな集落です。鳥取県農地・水・環境保全協議会が募集する「田んぼダム」モデル地区に手を挙げ、2021年に合計7.5haの田んぼ（全面積の64％）に協議会から支給された堰板を付けました。

同年7月7日からの大雨では、集落内の一部の田畑が冠水。ちょうど水稲の中干しの時期で堰板の設置は個々に委ねられていたので外していた農家も多く、排水路が増水して農道にもあふれる水量となりました。その後、8月の大雨はイネの出穂時期で水を貯めていたので、堰板が効果を発揮。排水路があふれることはありませんでした。

機能一体型の堰板は、貯水機能を高める一方で、排水量（速度）が絞られるので水位調整の工夫が必要です。

排水口に設置したV字の切り欠き付きの堰板。水位調整と排水調整の機能一体型で、深水にするときは内側から板を当ててスリットをふさぐ

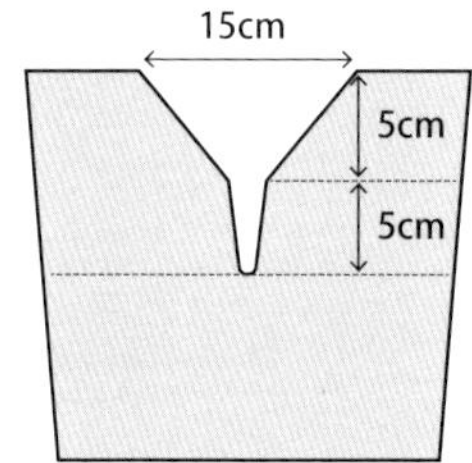

スリットの最上部が通常の管理水位。田面の位置まで下げることが可能

7月の大雨の翌朝撮影。堰板を付けたほうの田んぼには管理水位を上回る水が貯まっている

ロート型堰板

栃木県宇都宮市

従来、圃場整備済みのコンクリート排水枡は大半が堰板を入れる溝が1本しかなく、「機能分離型」にできないのが難点だった。そこで、宮城県の古川農業試験場とメーカーの東北興商が共同開発したのが「ロート型堰板」だ。これは縁が薄いので、既存の排水枡の溝に水位調整用の堰板と重ねて付けることができ、田んぼダムの機能を持たせながら、ふだん通りの水管理ができる。

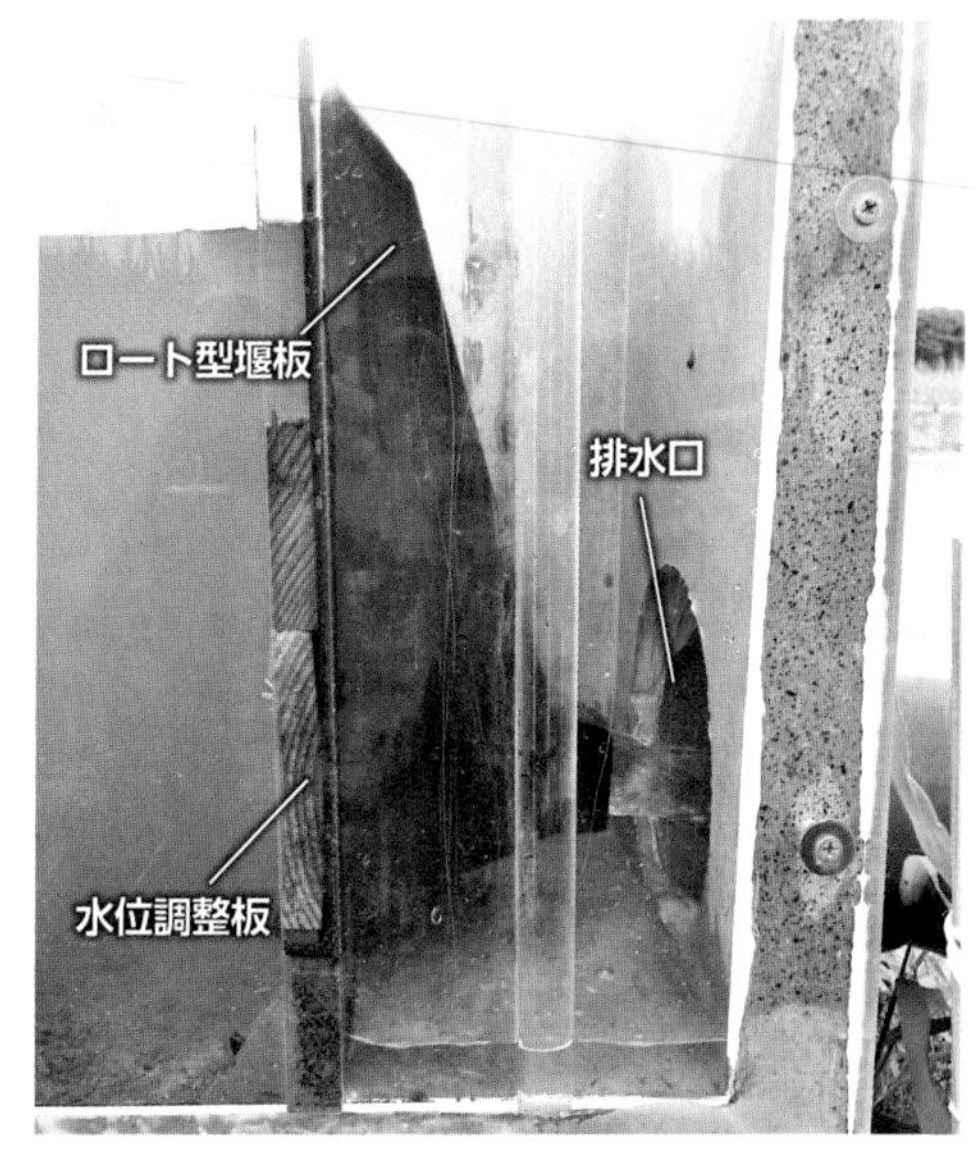

ロート型堰板の実証実験。排水口に向かってロート状になっているので、水位調整板を越えて流れ込む水の速度が増加。その勢いでイナワラやごみが詰まりにくい

ポリエチレン製のロート堰板。価格は3600円（税別）

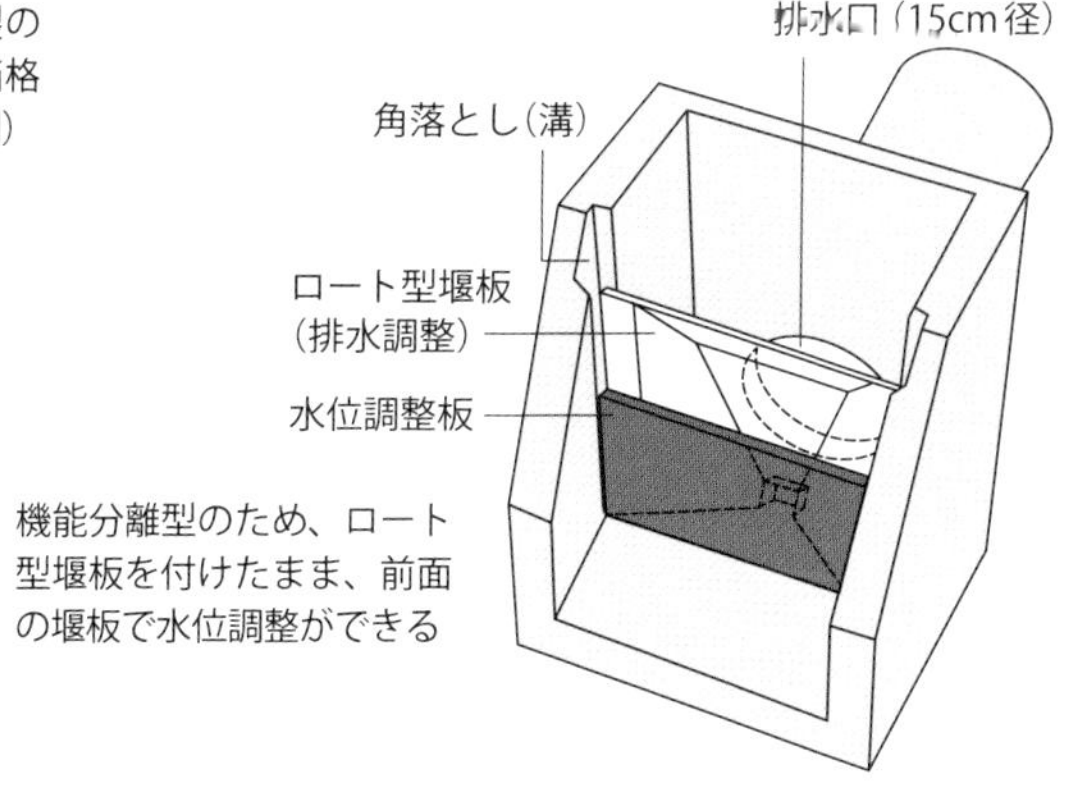

機能分離型のため、ロート型堰板を付けたまま、前面の堰板で水位調整ができる

排水枡を上から見たところ。排水管の前に自立させ、機能分離型として使う

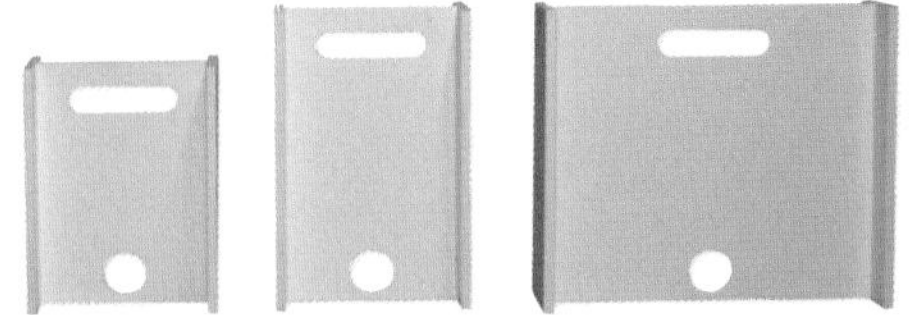
排水枡の大きさやアゼの高さに合わせて10種類ほどの排水調整板を用意。穴の直径は5cm

自立式排水堰板

山形県天童市・NPO法人みさと田園空間クリエーターズ　渡辺慎也さん

2019年から5年間で約430haを対象に田んぼダム実施計画に取り組んでいます。実施前にすべての田んぼを回り、排水枡の有無や形状、畦畔の状況を調査。排水調整板は木やステンレスでは板が変形したり、盗難の可能性があったりと課題が見つかり、最終的には人工大理石製のH型自立式を採用しました。

地元業者は1つ6000～1万円ほどで製作。枡に堰板を入れる溝がなくても立てて使うことができ、重量があるので倒れることもない。

体長40㎝を超えるゲンゴロウブナ
写真提供＝鴨部東活動組織

2016年に池干しをした天神池。左から福山和敏さん、池田豊さん、岡野勲さん

池の水をぜんぶ抜く「池干し」でため池を守る

香川県さぬき市・鴨部東（かべひがし）活動組織

文＝編集部　写真＝大村嘉正

3年に1度の楽しいイベント

「水が透き通っていてキレイでしょ。そこを泳いでいるのはゲンゴロウブナの稚魚です。池干しの効果が出ているなー」うれしそうに語るのは、鴨部東活動組織の前事務局長・岡野勲さん（70歳）だ。

香川県は約1万5000のため池を持つ全国屈指の「ため池王国」。かつてはどこでも「池干し」をしていた。地元のため池の総代を長く務める池田豊さん（83歳）は、60年以上も前のことを今でもハッキリと覚えている。

「あの頃は、3年に1度は池を干しとったな。イネ刈りが終わると農家や近隣の子どもたちが大勢集まり、水を抜いて残ったフナやウナギを捕まえたもんだ。ウナギは蒲焼き、フナは『てっぱい（ダイコンやネギと酢味噌で和えた郷土料理）』に、ため池は食材の宝庫やった」。当時は水路もすべて素掘りでドジョウもよく捕まえたし、農道の水たまりにさえイトウナギがいたという。

だが、池干しでにぎわったのは1970年頃まで。その後は基盤整備が始まったり、農家の数が減るなどして、鴨部東

鴨部東活動組織の対象農地と施設

池干しがしやすいように、「多面」の交付金で堤に階段を設置した

池の水を抜いて全面改修中の大谷池

森本池の水を抜く末端の排水バルブ

2012年の「農地・水」2期対策から水田9ha（斜線部分）を追加申請。対象のため池が一気に15カ所増え、全部で19カ所になった

地区でも40年以上途絶えていた。鴨部東活動組織ではそれを多面的機能支払の共同活動の一環として復活させたのだ。

水質浄化、点検、外来種駆除が目的

池干しとは、地域によっては「掻い掘(かいぼ)り」「泥流し」などの呼び方もあるが、池の水を全部抜いてたまった泥を流し、池底を天日干しする作業のこと。定期的に池の底に堆積した泥を空気にさらして有機物の分解を進め、水を入れ替えることで水質改善を図るのがねらいだ。岡野さん曰く「田んぼの中干しと同じで、土が活性化して生き返る」のだそうだ。

それだけではない。放水することで、普段は水の中で見えない堤や排水ゲート（底樋(そこひ)）などの状態を調べることができる。それに今どきは、池の中で繁殖したブラックバスやブルーギルなどの外来魚の駆除に役立つという効用もある。

水を抜くにも排水口はどこ？

といっても、イチからの池干しは岡野さんをはじめ鴨部東活動組織のメンバーも未経験。当初は、ため池の水を抜くための末端のバルブがどこにあるかもわか

ため池の構造

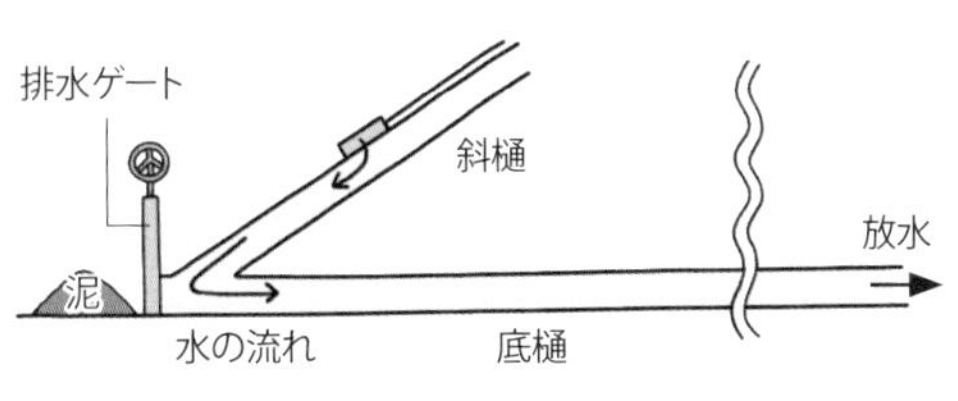

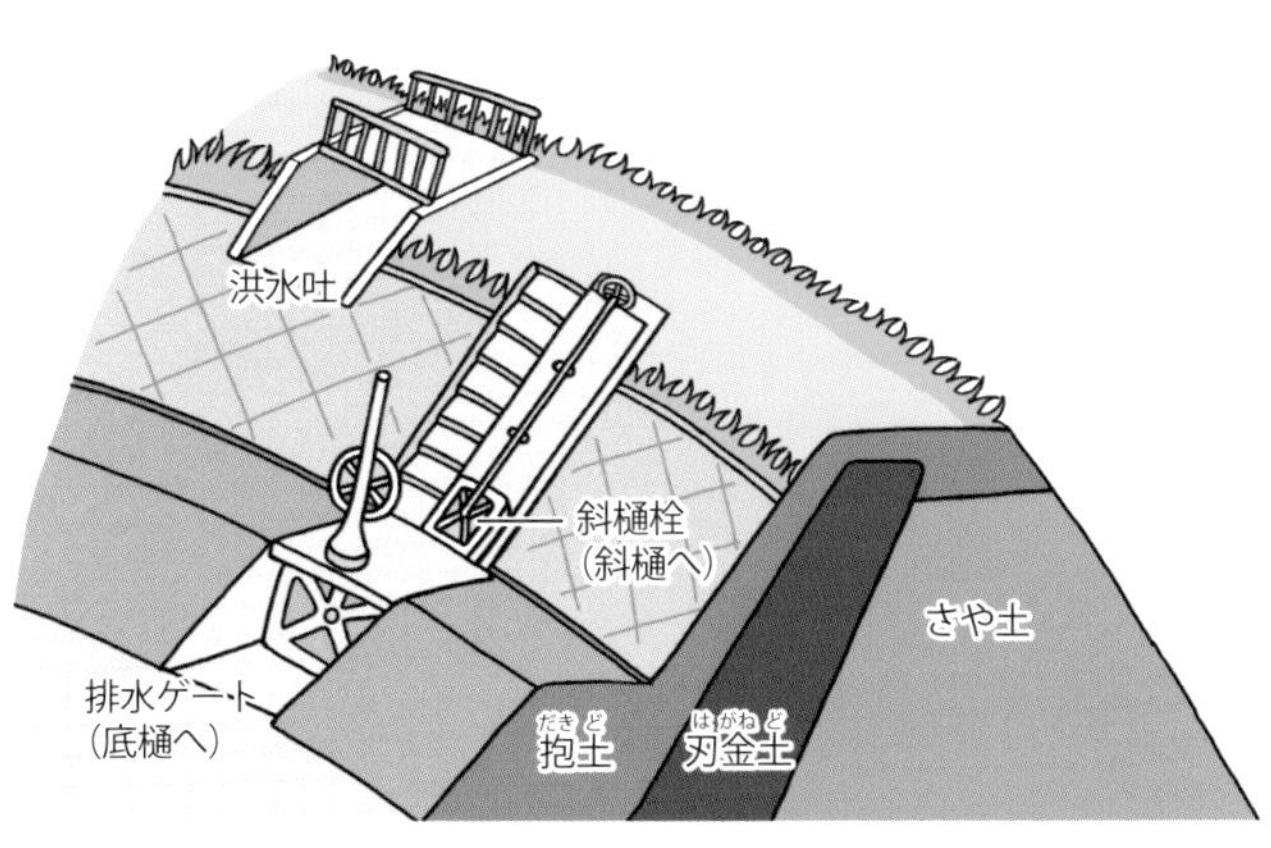

・斜樋を開けてため池の水位を下げ、底樋を開けることで底の泥と水がすべて抜ける。森本池のように斜樋がなく、サイフォンの末端のバルブを開けて上水を抜く場合もある。
・堤の刃金土は固く締まって水漏れを防ぐ粘土で、ため池のある地域なら近くで手に入ることが多い

らなかった。

とりあえず、ため池の周囲を探してみたが、それらしきものは見つからない。地元の古老に聞いてようやく発見したバルブは、森本池から500mも下流に位置する田んぼの幹線水路の脇にあった。

バルブを開けて2日ほど放水すると、今度はため池の中に底水をすべて流すための排水ゲート(底樋)のハンドルが現われた。このゲートを開くことで、底に堆積したヘドロとともに池の水を完全に抜くことができる。その後、2日ほど地底を天日干しする間に、ため池内の点検や外来種の駆除を済ませ、再び香川用水から水を引き込んで池干しが完了する。

こうして、ため池の排水のしくみがわかったので、翌年は「天神池」、その次の年は「田中大池」と、次々に池干しを実施。在来魚の豊富なため池が蘇った。

マニュアルをつくって次世代に引き継ぐ

鴨部東活動組織がため池の保全に取り組んで12年、それは地元の水利を学び直し、再発見し、みんなのものにしてきた期間ともいえる。そんななか、岡野さんはため池の管理を引き継げるよう、水利施設の修理履歴や状況を記録に残すことにした。池干しのマニュアルをため池ごとに作成し、手順や生きものの生育状況から作業記録票の書き方まで、次の世代が安心して引き継げるようにしている。

また、「地域資源管理構想」を策定して市町村に提出。ため池の保全については以下のようにまとめ、今後も「多面」の活動を継続することにしている。

- 7月と11月頃にそれぞれのため池の使用者と地権者が草刈りを実施する。
- 台風で大雨が予想される場合、ため池の水を2~3日前から排出。大雨を貯水できるようにして災害を未然に防ぐ。
- 10月初めに池干しや生きもの調査を順番に行ない、外来生物の駆除や在来生物の保護に努める。

構想に込めた思いを岡野さんは語る。

「ため池の役目は、農業用水はもちろん、防災、生態系保全と多岐にわたる。農地は担い手や法人に任せることができても、水利施設やため池の管理までは手がまわりません。先人の苦労や想いを含め、次世代に引き継いでいく責任が地域にあるのです」。

大雨時の緊急排水に サイフォン式簡易放流装置

兵庫県丹波市・近藤忠宏さん

文＝編集部

丹波市の近藤忠宏さんは、使われていないため池が大雨で決壊などの災害を誘発しないよう、事前放水に役立つサイフォン式のポンプを開発した。

サイフォンとは、管の中を水で満たした状態で、吸水口（ため池側）より低い位置に吐水口をセットすれば、無動力で自然排水できるしくみのこと。稼働に燃料は必要なく、ランニングコストはかからない。塩ビ製で軽く、1人で持ち運びでき、短時間で設置できる。

開発のきっかけは、水利組合でため池を点検中に、複数の池の貯留水が利用されていないのを目にしたことだった。古い池は、杭を栓にする旧式で放流するには池の中に入って栓を抜く必要がある。それが危険だし面倒だと、ため池の水がだんだん使われなくなってきていた。

「サイフォン式なら水に入らなくても放流できる。大掛かりな堤体工事もいらない。大雨の際の緊急排水にも有効だ」と近藤さんは考えた。放水量は、落差1mで毎分250ℓ、3mだと750ℓになる。

ため池での吸水の様子。フロートのおかげで水面下30㎝で安定した給水が可能。池の底、堤に堆積した泥やごみの吸い込み防止になる

サイフォン式放流装置のしくみ

注水口から水を入れ、装置内部を満水状態にする

＊サイフォン自体に動力はいらないが、最初にホースに水を満たすときに給水ポンプを使う

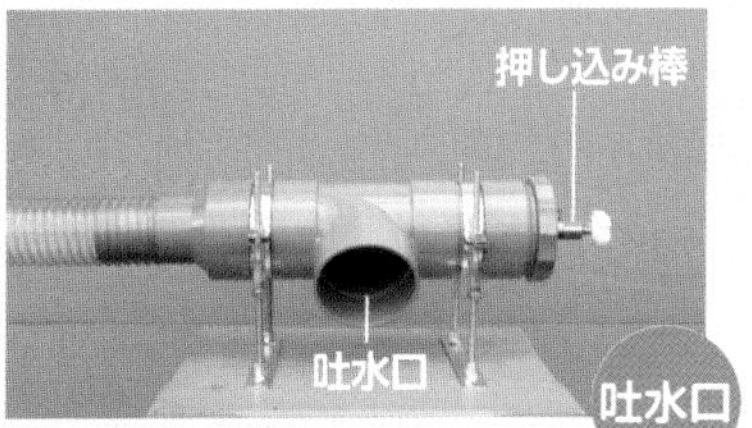

ネジ式の押し込み棒で水量の微調節が可能

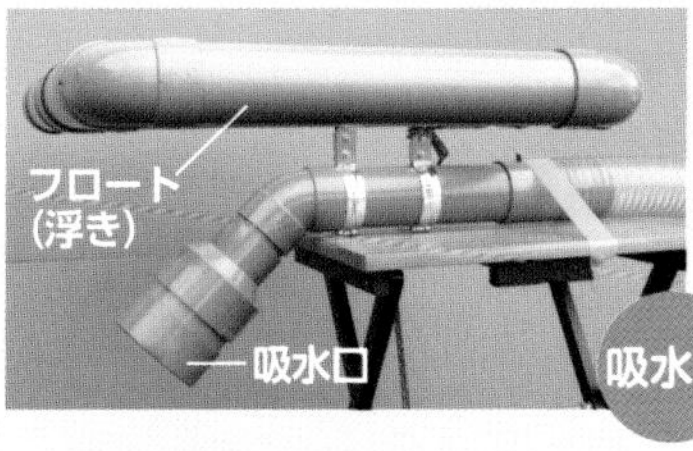

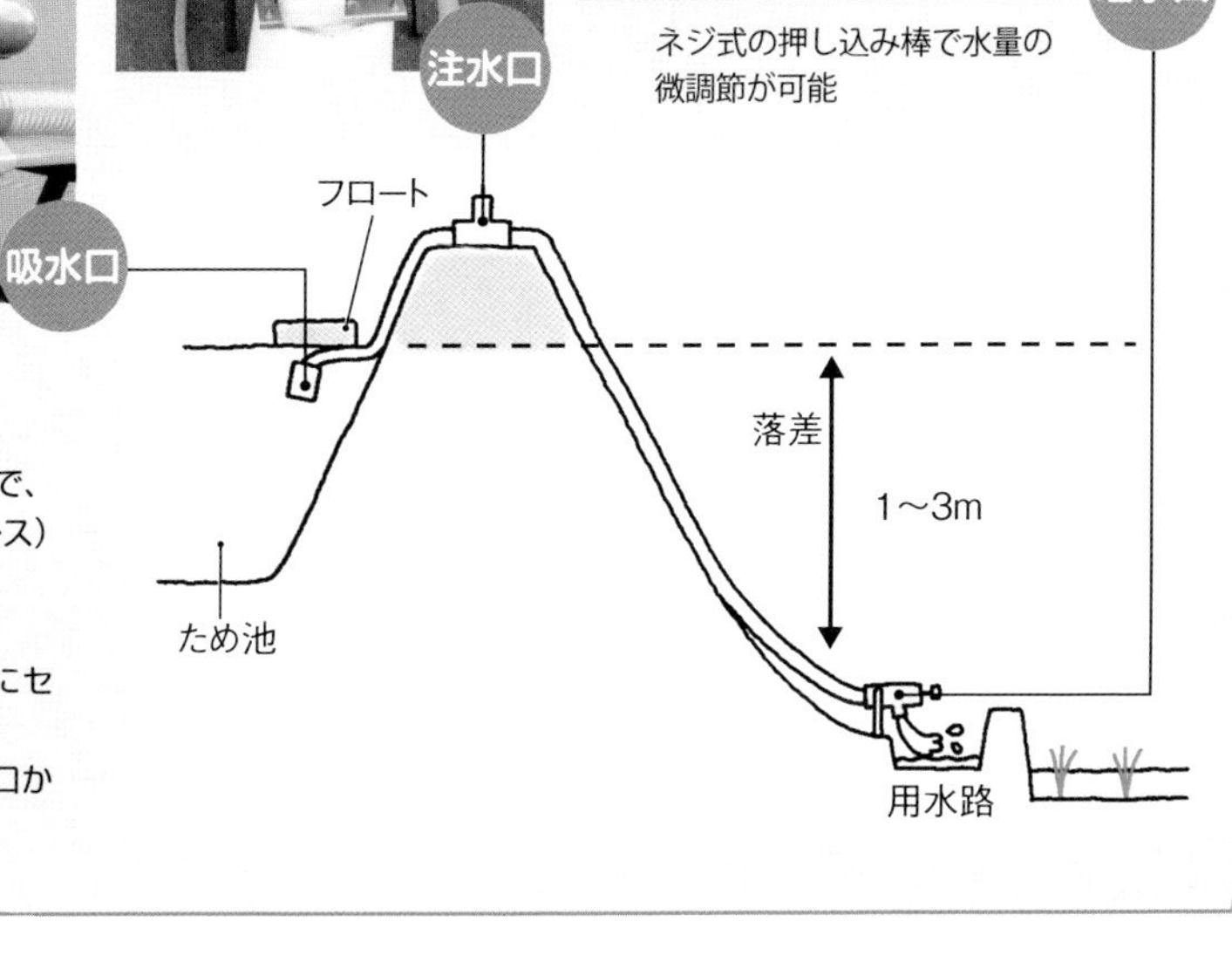

放水の手順

①吸水口・吐水口を閉じた状態で、注水口から水を注いで管（ホース）全体を満水状態にする
②吸水口をため池に入れる
③吐水口を吸水口より低い位置にセットする
④吸水口と吐水口を開くと吐水口から水が流れ出る

＊装置の問い合わせは三尾マシナリー（近藤）まで　☎0795-75-2671

スマホで確認 ため池の遠隔監視システム

秋草邦洋（鳥取県農地・水保全課）

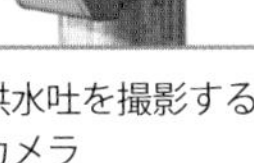

洪水吐を撮影するカメラ

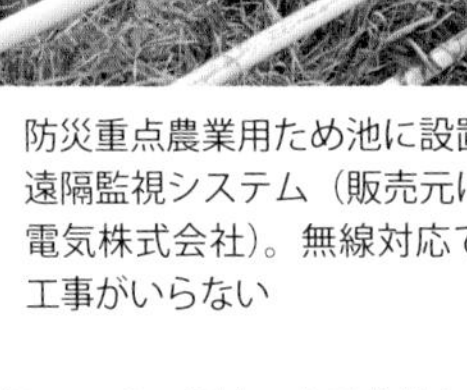

防災重点農業用ため池に設置した遠隔監視システム（販売元は三信電気株式会社）。無線対応で配線工事がいらない

水深10ｍまで測定できる水位センサー

誰でも、どこでも遠隔監視

鳥取県では、決壊により下流の住民等に影響を及ぼす危険のある防災重点農業用ため池（以下「防重ため池」）を対象に、ＩＣＴ（情報通信技術）を活用したカメラと水位センサーによる遠隔監視システムの導入を２０２３年４月から始めた。現在、北栄町をはじめ、県下４市町村25カ所で稼働している。

これによって豪雨や地震が発生した際の防重ため池の水位状況が、県のホームページ上で誰でもどこでも確認できるようになった。ため池の管理者や市町村防災部局、下流住民への情報共有化が図られることで、避難初動の迅速化や防災態勢の構築に役立つことが期待される。

設置・運用の地元負担なし

きっかけは、線状降水帯による集中豪雨が鳥取県を直撃した２年前の「令和３年７月豪雨」である。この豪雨で北栄町大谷の「双子ため池」の一部が決壊。下流の収穫前のスイカ畑が浸水し、30棟を超えるビニールハウスが流されるなど多大な被害が出た。

これを踏まえ県では、国庫補助事業の「農業水路等長寿命化・防災減災事業（危機管理対策）」を活用して「鳥取県ため池監視システム導入推進事業」を開始。２０２２～24年の３カ年で、手挙げ方式で募った計60カ所の防重ため池に、監視カメラや水位センサーなどの機器を設置する。

費用は１カ所当たり約１００万円。支柱に付けたソーラーパネル一体型のルーターを使って通信するシステムのため、日当たりと電波環境がよいことが条件となる。

また同事業では、ランニングコストとして通信費やシステム利用費、保守点検費についても、県と

2年前の七夕豪雨で決壊した北栄町大谷の「双子池」の上流部（貯水量1万7000㎥）
写真提供＝北栄町産業振興課

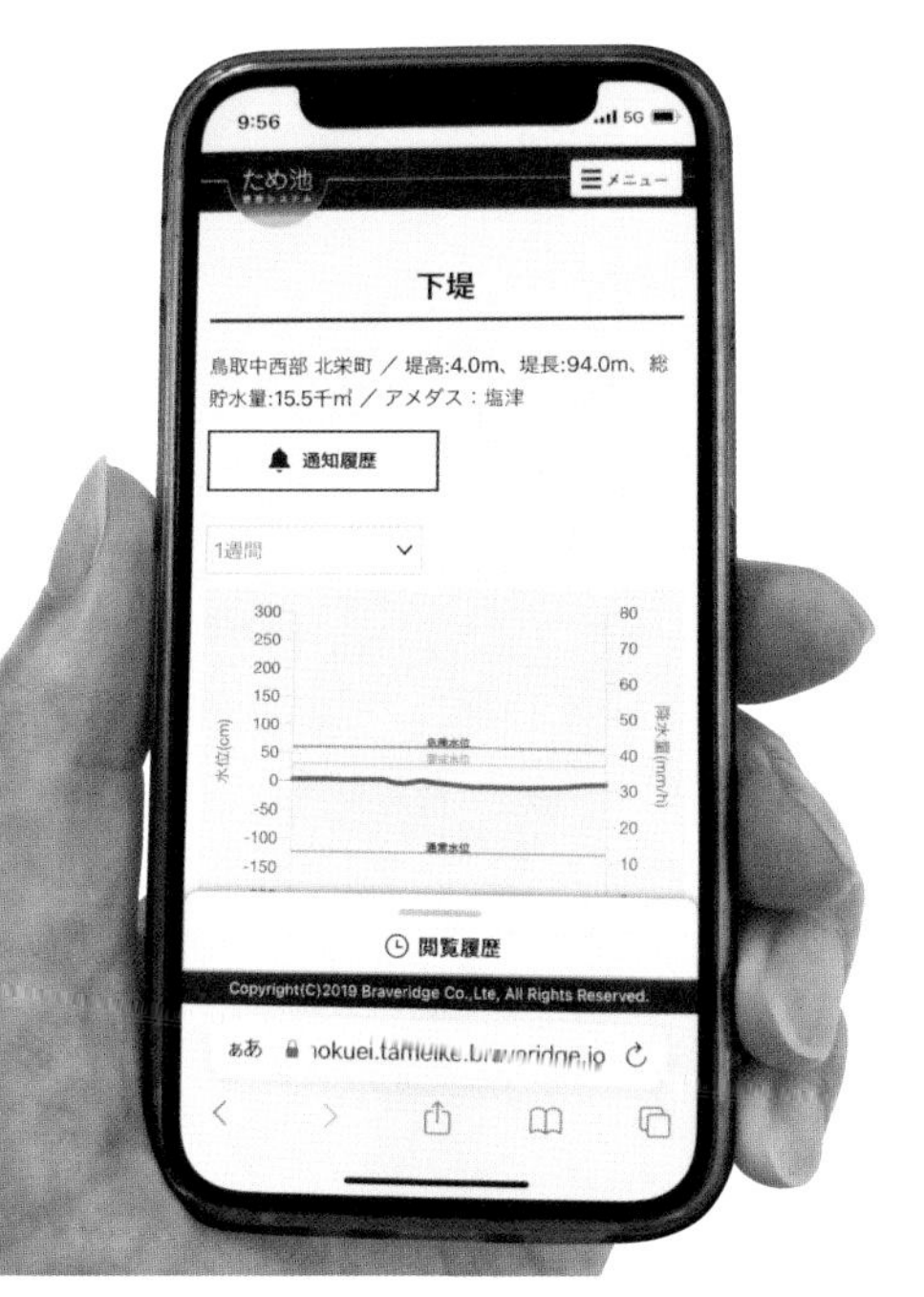

スマホで見た「水位・降水量データグラフ」。危険水位になっていないか確認できる

市町村の折半で毎年6万円を上限に負担することとしている。従来、このような維持管理費用は自治会や水利組合などがふたんするのが一般的で、全国的にも公的支援の事例はほとんどない。市町村や地元からの設置要望が大きく伸びたことはいうまでもない。

水位が5分ごとにわかる

ここで鳥取県ため池遠隔監視システムの仕組みについて説明する。まず監視装置として、ため池の斜樋管に沿わせて設置する「水位センサー」と、現況の水位を確認しやすい洪水吐（こうずいばき）を映す「カメラ」がある。「ソーラーパネル一体型ルーター」（観測局）は、日当たりと通信環境が良好な高さ3mの鉄柱の先端に設置。それぞれの機器は、Bluetooth（ブルートゥース）で無線対応できるよう100m以内に配置してある。

取得したデータはクラウドサーバー（監視局）で整理され、県や市町村のホームページのリンクを通じて「水位・降水量データグラフ」や「画像」として確認できる。

水位データは5分ごと、洪水吐の画像は12時間ごと（大雨時は随時、任意で撮影可能）に送られており、前述のとおりパソコンやスマホがあれば誰でも、いつでも、どこでも、ため池の水位状況を把握できる。当該ため池の下流に暮らす住民は、早期避難につなげることができる。

なお、ソーラーパネル一体型ルーターは、フル充電なら1週間日照がなくてもデータ送信が可能なうえ、LTE閉域網（インターネット接続と分離することでセキュリティを確保したネットワーク）を使うことで通信のセキュリティ対策も万全を期している。

農村防災力の向上に

最後に、遠隔監視システムを導入した地元のため池の管理者たちの声を紹介しよう。

北栄町で防重ため池を含め、複数のため池を管理する農家は「以前は雨が降るなかでもため池に出向いていたが、自宅にいながら状況を確認できるので危険を冒して外に出ないですむ」と話す。

また、同じく北栄町の水利組合の役員は、「現況の水位の情報がわかりやすいだけでなく、メールやLINEのアラート通知があるなど、避難初動の迅速化を促す仕組みが随所にちりばめられていて、とても便利」と目を細める。

今後は「鳥取県ため池サポートセンター」を通じて、県内の防重ため池で実施する避難訓練と遠隔監視システムを連携させ、より実効性を高めていく予定である。このシステムの活用が総合的な農村防災力の向上につながるものと信じている。

土のうを使いこなす

水防の基本 土のうのつくり方・使い方

福岡県糸島市

文＝編集部　写真＝大村嘉正

土のう袋に土（真砂土）を詰める。袋の口を持つ人とスコップで土を入れる人の2人1組の作業

「本日は、これから梅雨時期に起こる長雨や台風に備えての訓練です。近年、全国各地で大規模な自然災害が発生しています。この糸島においてもいつ何時起きるかわかりません」

ヒバリの声がのどかに響く5月上旬の日曜日、松崎治磨団長の訓示で始まったのは、福岡県糸島市消防団の年に1度の水防訓練。水防とは文字どおり水害を防ぐこと。糸島市のように消防団が水防活動を行なうところが多いが、全国には専門の水防団を置く市町村もある。どちらの場合も団員は、非常勤の特別職地方公務員として住民の中から任命される。

水防に欠かせないのが土のうだ。糸島市消防団の水防訓練もまず土のうづくり

土のうの口の結び方

完成した土のう。土を多く詰めると運ぶのが大変なので、1袋にスコップ2杯半〜3杯（20〜25kg）にしていた

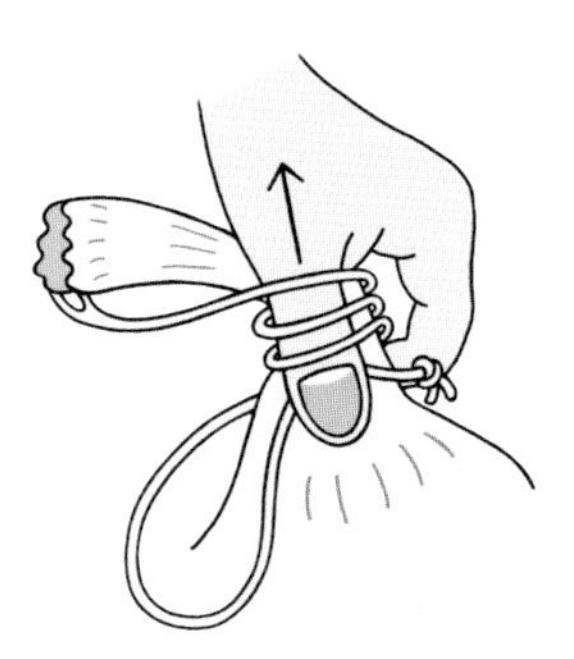

実際に結ぶときは、親指の上から2〜3回巻いて、最後にヒモの先を親指で押さえ、そのまま引き抜くとうまくいくようだ

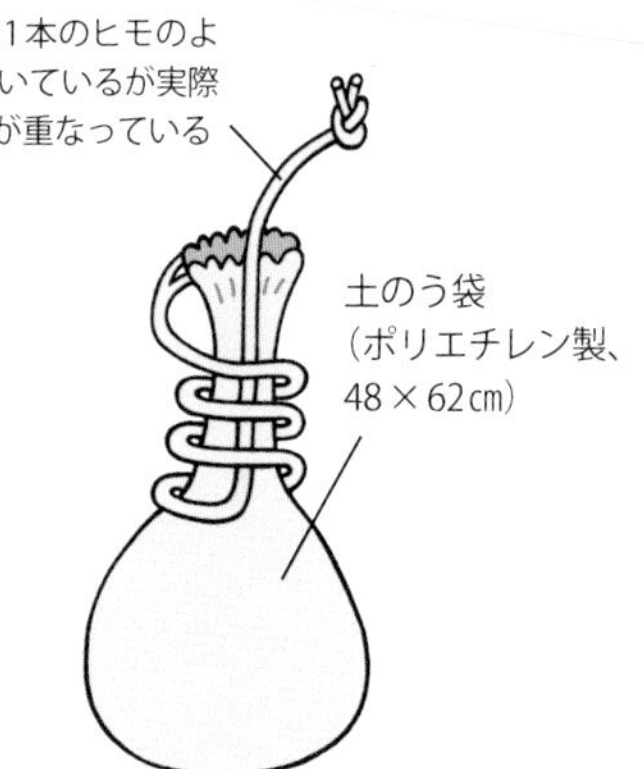

ヒモを引いて口を閉じたら、そのヒモを袋の首に2〜3回まわし、その内側を下から上へ通し、しっかり締める（上から下に通すやり方もある）

令和元年の水防訓練を開始します〜

集まった消防団員は、糸島市内14分団の班長以上の幹部252人（全団員は995人）。糸島市消防本部職員の指導で土のうづくりや水防工法を学んだ

から始まった。土のうといえば、水害時に並べたり積み重ねたりして使うものということは想像がつくが、土のうを積むにも技術がある。積むだけでなく、重しとしても使う。

　この日行なわれた「水防工法」の訓練から、地域の消防団員が学ぶ土のう活用の技を見てみよう。

改良 積み土のう工法

河川の堤防の越水や建物への浸水などを防ぐための工法。水の流れを止めたり、勢いを弱めることができる。土のうを積むだけでなくブルーシートでくるむことで、防水機能、強度が高まる。

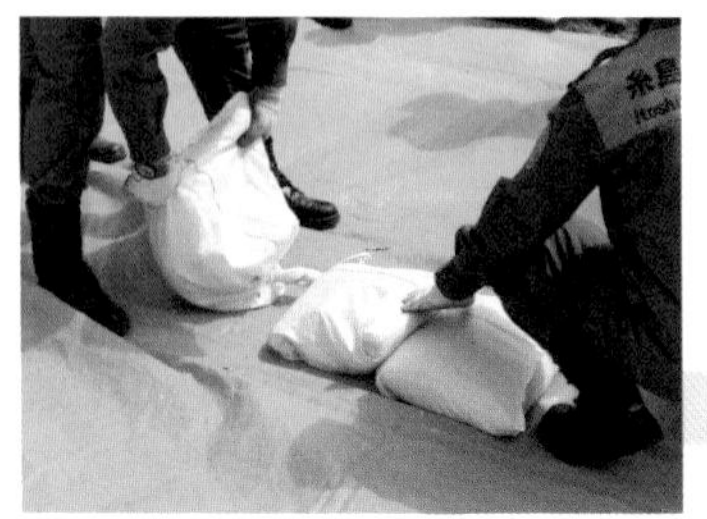

口を下に折り込み、隣の土のうと少し重ねるように並べていく。川側・長手積みの土のうは、袋の底を上流側に向ける

上面を掛け矢（木槌）で叩き、平らに均して締めながら重ねていく。川に面した側もできるだけ平らに。土のうを重ねるときは、下段の土のうの境目が中央になるようレンガ積みに

土のうの積み方（手前が上流方向）

堤防の上に土のうを積む想定。川側の土のうを長手積みに、後ろの土のうを小口積みにして、その間に「アンコ」と呼ぶ土砂（訓練では土のうで代替）を詰める。

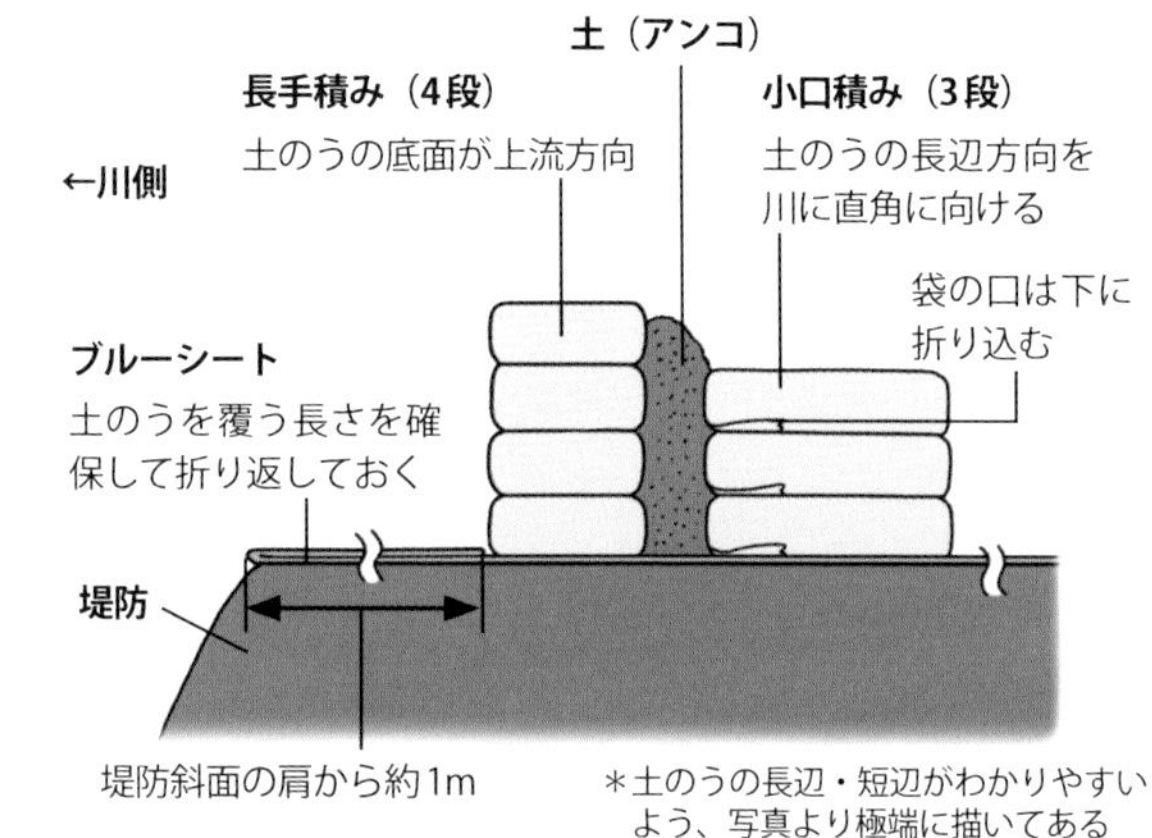

＊土のうの長辺・短辺がわかりやすいよう、写真より極端に描いてある

2列に積んだ土のうの間に土を詰める。今回は土のうで代用

積んだ土のうをブルーシートで覆う

風や水でシートがめくれそうなところを土のうで押さえて完成

ブルーシートで覆う順番

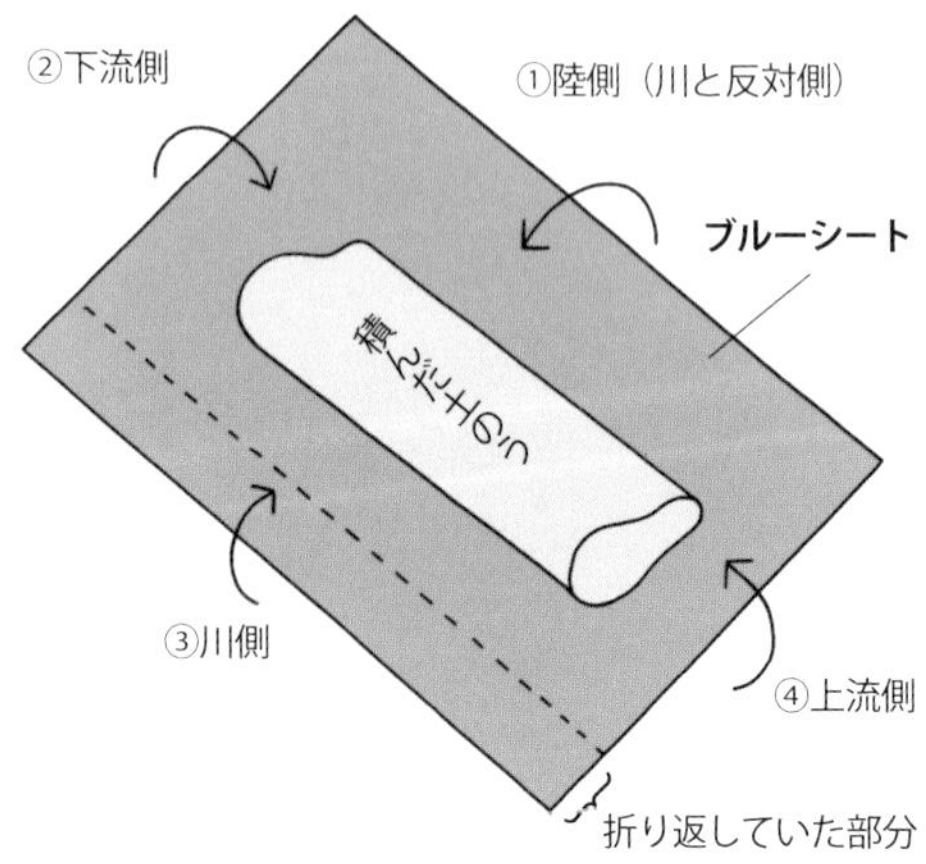

訓練では竹を使った。川に流した状態のイメージを河原で再現

木流し工法

川の流れが急なところ、堤防の弱いところは水流で削られやすい。そこへ重りを付けた木（竹）を当てて水の流れを弱め、堤防が削られないようにする工法。

糸島市消防署員が木流し工法を解説

木流し工法のイメージ

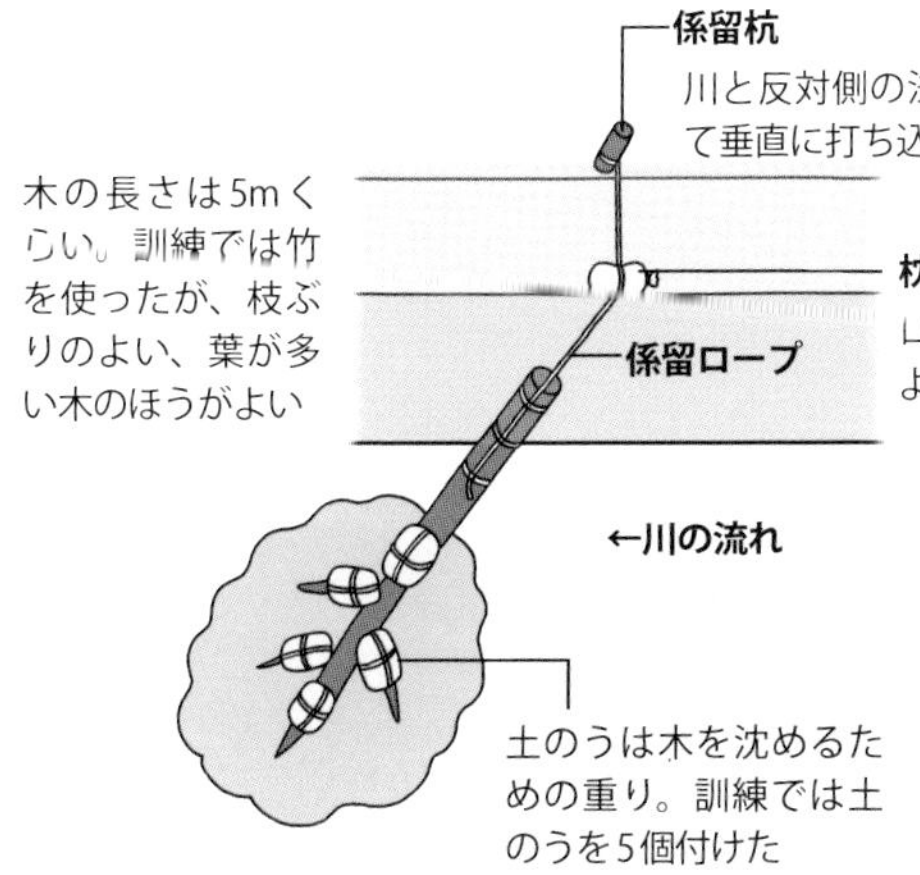

＊木流し工法はロープワークが重要。訓練では、土のうを竹に結ぶには「巻き結び」、木を係留杭に結ぶには「二回り二結び」にした。結び方は若干異なるが、四国地方整備局・松山河川国道事務所のウェブページで無料公開されている『水防工法 Pocket Book』に詳しい解説がある

長糸分団のみなさん。
2列目中央が井久保分団長。
分団員は全部で約60人

2018年の豪雨でも土のうが役立った

長糸分団・井久保憲一分団長（42歳、土木関係従事）

2018年7月の豪雨では、長糸地区のいたるところで水害が発生し消防団が出動しました。家の裏山が崩れないようブルーシートを張ってまわったほか、土のうも積みました。長糸地区の上のほうに白糸の滝という観光地があるんですが、ここでは道路を伝って濁流が流れ込んできました。それを土のうで川のほうへ流れるよう誘導したんです。ただ、土のうに詰める土がまわりになくて……。苦肉の策で、濁流と一緒に流れてきた泥を集めて詰めました。昼間からあちこち出動して、最後が白糸の滝。夜中までかかりました。

＊この日の午後は、分団ごとに、午前中に学んだ水防工法を一般団員に伝えるという形で行なわれた

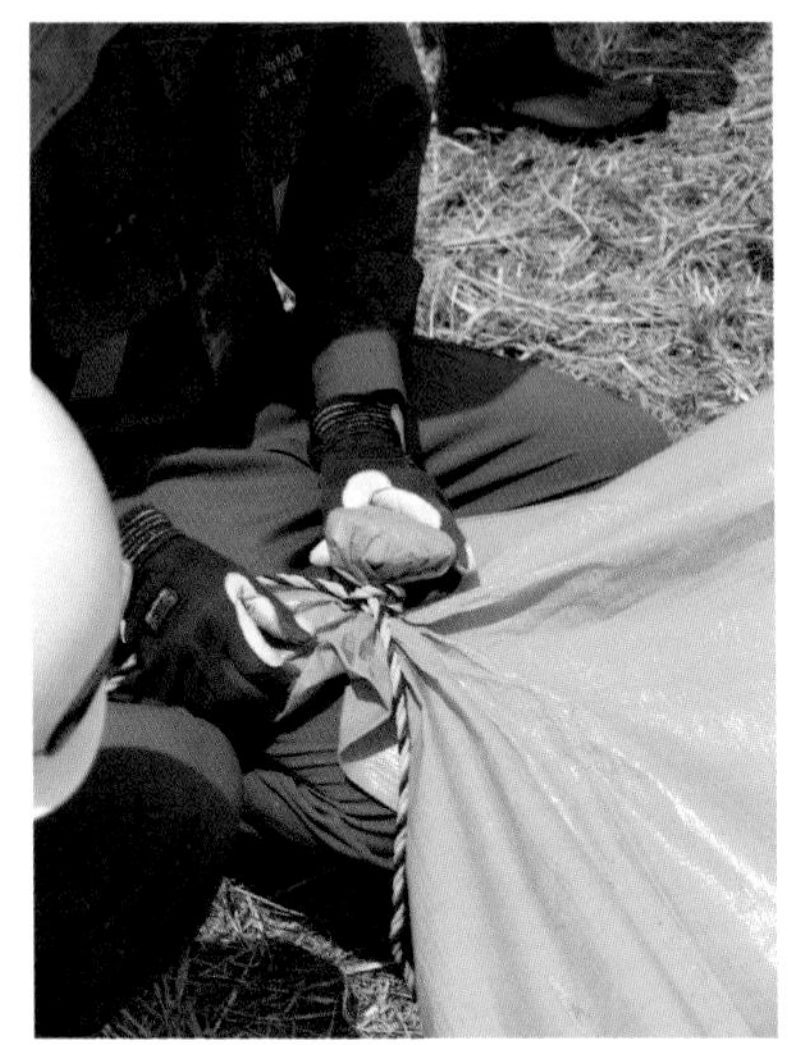
穴のないシートにロープを結ぶときは、石などを核にして結ぶ（巻き結び）

ブルーシート張り工法

大雨で斜面が崩壊するのを防ぐ工法。雨で斜面が緩むと上部側に亀裂ができる。さらに雨が続くと地すべりなどが起きて崩壊するので、亀裂部分に雨が流れ込まないようにブルーシートで覆う。

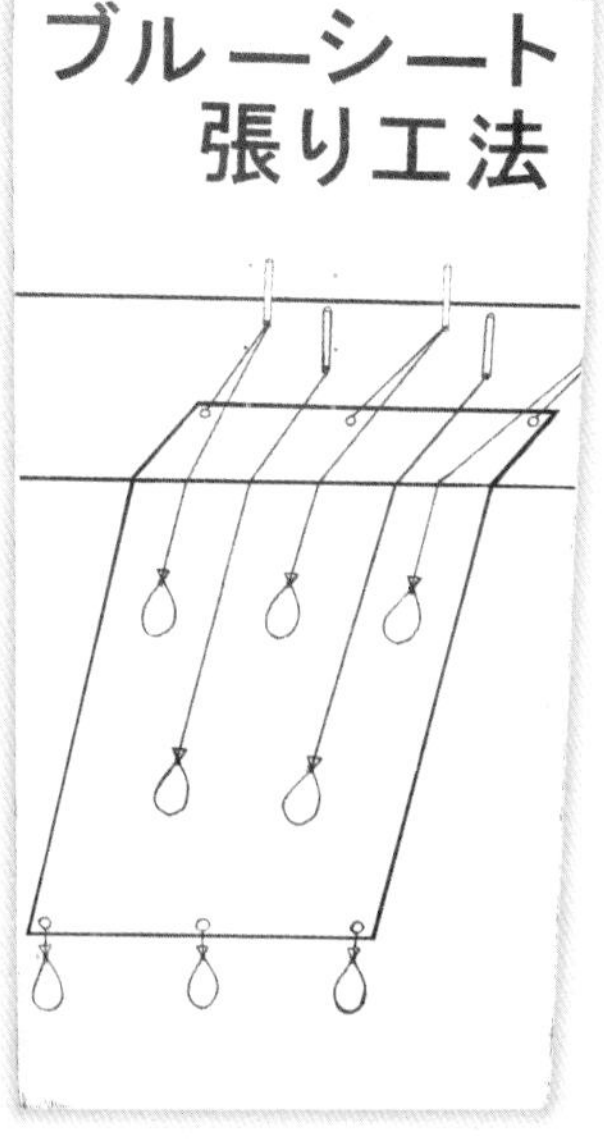

ブルーシートを止める棒杭は千鳥に打ったほうが強度が上がる

土のうにロープを付けてシートの押さえにする。シート上に5個、シートの下に3個ぶら下げる

シートの上端から水が入り込まないよう、土のうの重しを並べてふさぐ

糸島市消防団・松崎治磨団長（61歳）

稲作農家で、赤米やエダマメ、大豆も栽培、納豆やもちなどの加工品も販売する。「農家で家にいれば消防団に入るのがふつう、地域に貢献する気持ちもあった」という松崎さんは、20歳で農業を始め、21歳のときから20年、旧二丈町の消防団員として活動した。その後、何年かおいて分団長などの幹部として戻り、昨年4月から合併後の糸島市で団長を務める。

土のうの技にもう一言

文・写真＝編集部

オイル缶で土のうが一人でつくれる

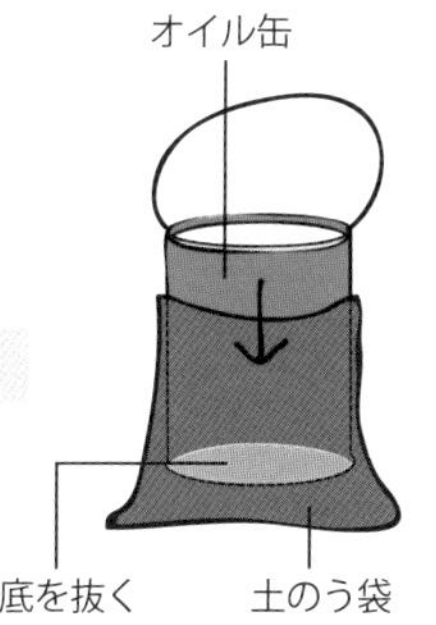

1 底を抜いた20ℓオイル缶（直径30㎝、高さ33.5㎝）を土のう袋に差し込んで立てる

2 オイル缶がいっぱいになるまで、土を入れる

3 オイル缶を引き抜き、袋の口をヒモで縛れば完成

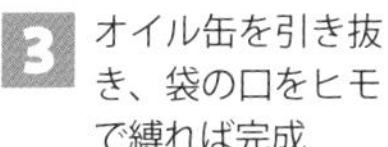

セメント入り土のうで路肩補修

18年の西日本豪雨の後、農家から問い合わせがあった方法。秋田県湯沢市の「農地・水・環境保全向上対策」（当時）の活動組織「萬古清風地域資源保全隊」の取り組みだ（『現代農業2008年11月号』）。

①セメント・砂・砂利を1:2:3で混ぜて土のう袋に詰め（このときは水は入れない）、路肩の崩壊箇所に積んでいく。土のうの間に隙間ができないようずらしながら積む。積んでから水をかけ、袋内のコンクリートを固める

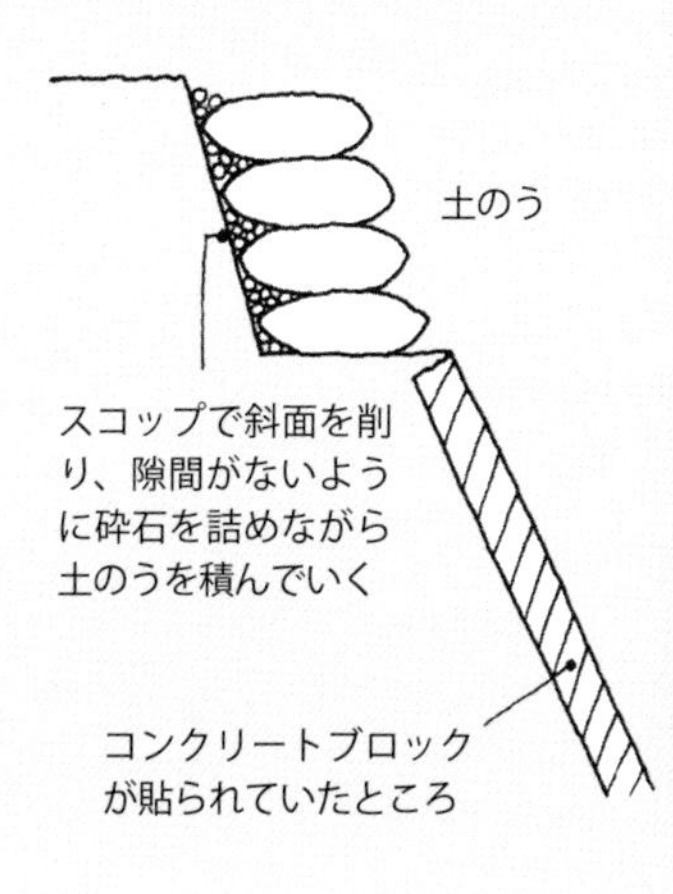

土のう
スコップで斜面を削り、隙間がないように砕石を詰めながら土のうを積んでいく
コンクリートブロックが貼られていたところ

②土のうを積んだ上を、10～15㎝の厚さにコンクリートで平らに塗り固める

あっという間に土のうがつくれる土のう詰め器

本田一勇（島根県出雲市）

全日本土のう詰め大会では2人1組で土のうをつくる

筆者（66歳）

本田一勇、1955年生まれです。40歳になった頃、ようやく天職が見つかりました。特許商品の「土のう詰め器」の営業です。今まで世の中になかったものを日本中にタネまきする喜びと楽しさは、今でも忘れることができません。2019年からは、災害復旧の一助になればと「全日本土のう詰め大会」というイベントを企画し、毎年開催しています。

土のうで未来を変えたい

21年、私が住む出雲市も集中豪雨による災害に見舞われました。幸い死者は出ませんでしたが、復旧工事は長く続き、費用も莫大です。奇しくも、災害の3日前の7月3日が「第2回全日本土のう詰め大会」の日でした。

土のう詰め器の使い方

土のう製作器「ビービーワーカー4型」。土のう袋に砂を詰めるための専用器として開発。一度に4袋詰められ、子どもでも土のうが簡単にできる

①土のう器の4つの穴（底は抜けている）それぞれに土のう袋をセット。袋の口は折り返す。
②土のう器のフタを載せ、袋を押さえる。
③スコップで砂を入れる。多少乱暴に入れても問題ない。とにかくスピーディに！
④すべての穴に砂がいっぱいに入ったら、スコップで平らに均す。
⑤フタをとってから、土のう器の本体を持ち上げてはずす。
⑥袋の口をヒモで縛れば、土のうのできあがり。

＊ABS樹脂製で54×54×28㎝、重さ約5kg、4万2500円（税込）

復旧ボランティアには私も参加し、土のう詰めを手伝いました。「災害が来る前に土のうをつくって、あの辺りに並べておけば、この家だって水が入らなかっただろうに……」と思いながら作業しましたが、過去には戻れません。でも、未来を変えることならできるはずです。

じつは、21年は1度ならず4度の豪雨に見舞われました。3度目の豪雨の前夜のことです。以前、土のう詰め大会に参加したご家族から「先月の豪雨で床下浸水があったので、今夜の雨も心配です。土のうが欲しい」と電話がありました。「いま、土のうはないけど、これからつくりますか」と返事。すぐに過去の大会参加者たちに声をかけると「お手伝いします」と二つ返事で駆けつけてくれました。土のう詰め器を使い、みんなであっという間に約100袋の土のうをつくることができました。

スピードとチームワークを競う

22年夏は、第3回「全日本土のう詰め大会」を開催しました。ちょうど新型コロナの急拡大でキャンセルがあり、全7チーム、ほとんどが初参加でした。

結果は、建設業の社員チームが1位。タイムは4分53秒。前年の消防士チームが出した3分1秒のレコードタイムには及びませんでしたが、好タイムです。なかには3回連続出場の女子中学生チームもいて、6分29秒のタイムで中学生の部で見事優勝。土のうづくりはもうベテランの域で、災害現場でも活躍が期待できそうです。

大会を通じて、私が最も伝えたいことは心構えです。たとえば、急な災害で土のうが500袋欲しいとなったときに、「絶対無理」と思うのか、「やってみるか」と思うのかでは雲泥の差です。

大会に参加することで、万が一のときでも「みんなで土のうをつくったじゃないか。大丈夫、つくれるよ」と前向きな気持ちになってくれれば幸いです。出場したい人は、上腕土のう筋(上腕二頭筋)を今から鍛えてください。みなさんの参加をお待ちしております。

土のう詰め大会　公式ルール

競技は2人1チーム

スタート地点から約10m離れた場所にある土のう詰め器まで走る
➡土のう詰め器を使って20袋をつくる
➡2mほど離れた場所に土のうを移動させ、2段に積む
➡ゴール地点まで走る

ここまでのタイムを競い合う

- スコップを使わずにすべて手作業でもOK。
- 安全も大事。スコップでチームメイトを叩いてしまったり、出血などケガをしたら失格。
- 土のう袋は「消防結び」で口を縛る。
- 土のうを積むときは、口の部分を袋の下に隠すようにして置く（実際の現場では、川の流れの上流方向に袋の底を向けて積む。水圧でヒモが緩まないように口を袋の下に隠す）。

消防結びのやり方

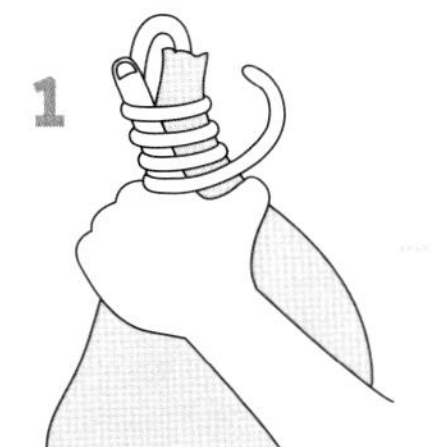

人差し指を伸ばした状態で土のう袋の口を握り、指の上から袋のヒモを3回巻く

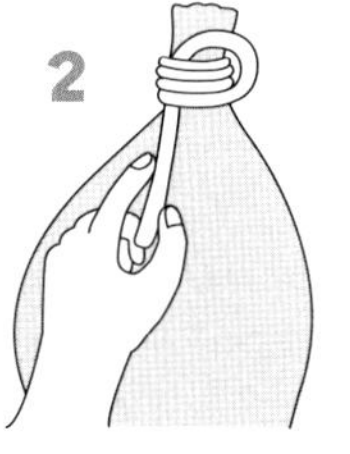

ヒモの先端を人差し指に引っ張かけて、指を抜く

できあがり

先人の
治水技術に学ぶ

「災害文化」としての水害防備林

長尾朋子（ともこ）（東京女学館）

水害防備林と霞堤

「水害防備林」をご存じだろうか。洪水時に水の勢いを弱め、上流から運ばれてくる物が集落や耕地に来ないように濾過する機能があり、地域がそれを認め維持している河畔林のことである。日本各地の中流域にみられ、京都の桂川沿いにある桂離宮では、竹を地植えのまま上部を編み込んでつくった垣根が水害防備林として知られている。

この水害防備林の集落側に、上流に向けて「ハ」の字に開くよう二重三重に並んだ堤防が「霞堤」である。相対的に被害の少ないところに切れ間が配置され、洪水時にはこの切れ間から洪水流を逆流させることによって遊水地とし、上流が破堤した際はここから氾濫水を河川に戻せることが評価されている（p99の図）。

江戸時代の話をしているわけではない。水害防備林

久慈川中流域の川沿いに延びる水害防備林（常陸大宮市、富岡橋付近）。
出典：国土交通省関東地方整備局ホームページ

と霞堤の組み合わせは、現代技術を駆使しても地形的に水害を防ぐことが難しい地域の「減災」工法として今もあるのだ。災害が常襲する日本では、自然と人間の関係が減災のための地域住民の認識と行動に反映した「災害文化」が各流域に現存する。水害防備林は、この災害文化が景観として表われた一例である。

連続堤整備から「流域治水」への転換

２０１９年10月の台風19号で東日本は多大な洪水災害に見舞われた。堤防決壊８ヵ所、浸水家屋９００戸余りの被害を受けた茨城県の久慈川中流域（常陸大宮市など）は、15世紀から水害防備林を集落共有で維持管理してきた。これは川沿いに連なる20～１００ｍ幅のマダケの竹林で、その集落側に霞堤を配置している。国土交通省による久慈川流域の堤防（連続堤）整備率は3割で、明治時代の旧堤防や霞堤と混在した堤防がつくられているため、上下流・左右岸で堤防高や幅が異なる。洪水時に危険性の高い箇所があることは残念ながら予測される状況であった。

とはいえ、この台風災害は連続堤が完成していたとしても防げなかった規模である。そこで国交省は「久慈川緊急治水対策プロジェクト」として、洪水流を耕地に入れ遊水地化する方法を併用する「流域治水」を採択し、社会経済被害の最小化を目指すこととなった。

日本では、明治時代に近代土木技術が導入されてから、ダムや堤防によって洪水を抑え込む河川整備が進

久慈川は福島県から茨城県へと流れる一級河川。久慈川本流にはダムがない

桂離宮の水害防備林。竹を生きたまま編み込んでいる。画面右が桂川

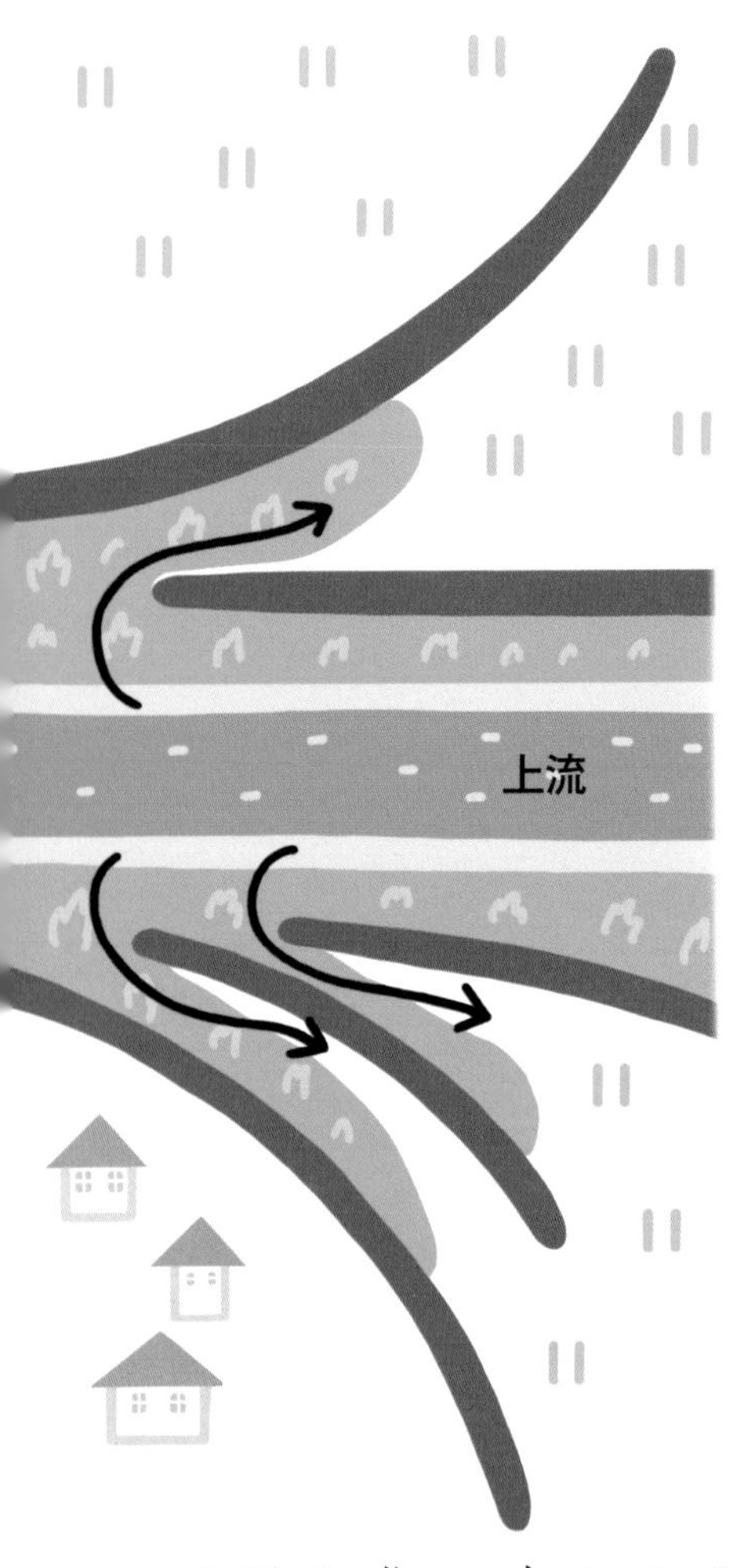

久慈川の水害防備林（富岡橋付近）。川沿いに、20 ～ 100m幅のマダケの竹林が連なる

められてきた。だが、気候変動の影響により大規模な水害が増加したため、ソフト面の対策も取り入れた流域全体の治水へと国は大きく政策を変えたのだ（流域治水関連法、２０２１年）。

セットのはずの水害防備林が切られた

久慈川緊急治水対策プロジェクトでは、連続堤による対策が間に合わないとして、この地域にもともとある霞堤を積極的に取り入れた対策は評価できる。だが問題が起きている。本来は霞堤とセットで機能を発揮するはずの水害防備林を、洪水が速やかに流れるのを妨げるとして国が伐採しはじめたのだ。

筆者の台風19号の被害調査では、水害防備林の河川側には大量の洪水堆積物がトラップされ、堤防を守っていたことが確認できている。また、河川沿いの自然堤防（洪水堆積物によりできた微高地）にある水害防備林内の堆積物を粒度分析すると、氾濫水中に浮流する細かな砂の粒子も堆積させる機能が認められ、背後の耕地には砂が流入しないので復旧がしやすくなる。この濾過機能は自然堤防を発達させ、その治水効果を自ら高め成長する水制構造物としても評価できる。

25年前、筆者が同地域で聞き取り調査をした際には、住民は水害防備林の減勢機能により避難時間を確保できる点を重視し、「水害防備林があれば（破堤しても）死なないから（安心）」「（洪）水がくるのは困るけど、ごみが田畑まで来ないから（処理が）ラク」と評価し

霞堤と水害防備林の模式図

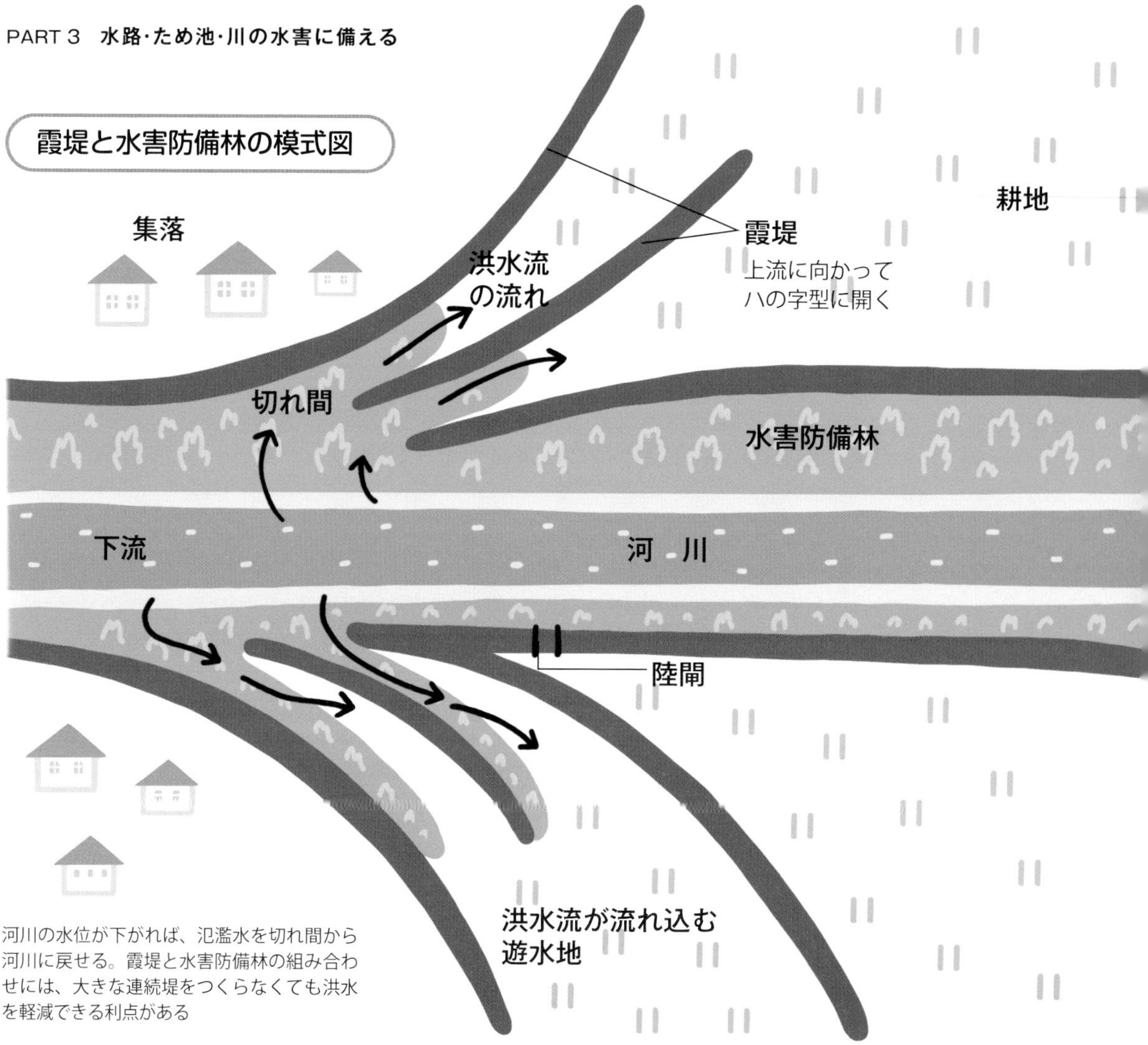

集落

耕地

霞堤

上流に向かって
ハの字型に開く

洪水流
の流れ

切れ間

水害防備林

下流

河　川

陸閘

洪水流が流れ込む
遊水地

河川の水位が下がれば、氾濫水を切れ間から河川に戻せる。霞堤と水害防備林の組み合わせには、大きな連続堤をつくらなくても洪水を軽減できる利点がある

イラスト＝河本徹朗

集落側から陸閘（りくこう）を見た写真。奥に水害防備林が見えている

陸閘＝堤防を乗り越えずに河川に出入りできるように堤防を切っている。河川増水時には止水板をはめこみ、堤防として洪水流を防ぐ施設。

台風19号後の水害防備林（2019年10月）

水害防備林によってトラップされた堆積物

洪水流が直撃した場所ではマダケがしなるが、樹林帯の幅があるためその背後でトラップされる

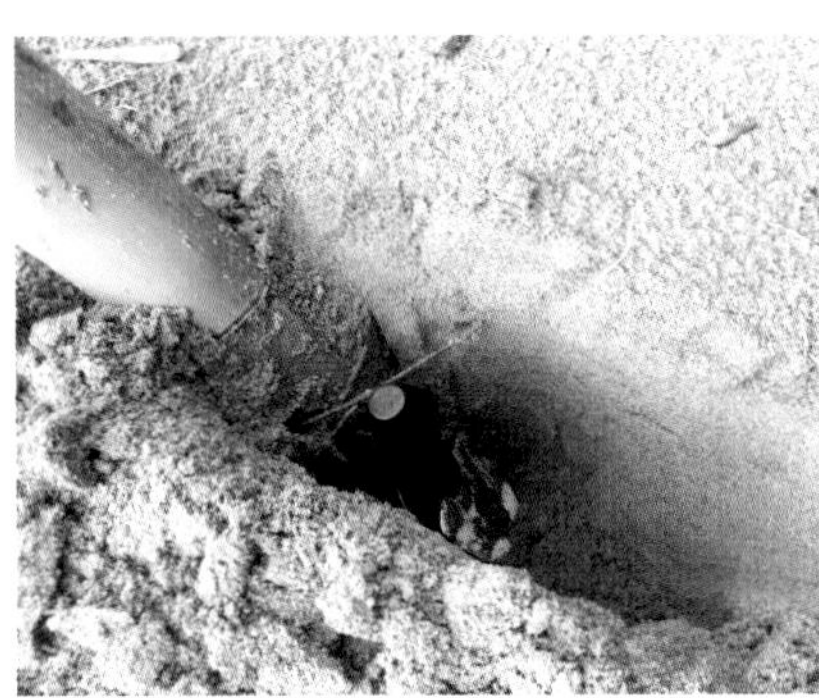

防備林内には砂が堆積。ここで砂が濾過され、耕地に流入するのはシルト質の堆積物

ていた。しかしこの人々さえ、竹材の需要が減少し売れなくなったことで、水害防備林を管理する意欲が低下していると当時から憂えていた。竹林管理の苦労に関しては、読者の皆さんもご承知のとおりである。

台風19号後の２０２０年の聞き取りでは、40代未満の方々は水害防備林の存在はわかっていても機能に関しては認識が低かった。「国交省のいうとおりに伐採すれば、連続堤を築堤してくれて水害がなくなる」と期待する声も耳にした。水害の起こらない連続堤がつくられることが最も望ましいが、霞堤を併用すると決めたのだ。相互補完する水害防備林を伐採してしまっては、むしろ被害が拡大する恐れがある。河畔林の伐採により流下能力が高められるのは事実だが、河川中流域において霞堤の減災効果を機能させるには水害防備林の併用が不可欠である。

霞堤だけでは危険

台風19号では、氾濫危険水位をはるかに越える水位が観測されているため、堤防を越えて水が来たのは当然のことではある。それでも水害防備林がある地区では、防備林に漂流物がトラップされ、堤防に当たる水は勢いを弱められた。一方、水害防備林のない箇所では、流木などを大量に含んだ洪水流が直接堤防に当たることとなり、破堤要因の一つともなっている。その氾濫水が耕地を下流へと流れて、本来ならば霞堤で河川に水が排出できたものが、現在連続堤へと改修されたことにより行き場がなくなり、耕地側から河川側へと破堤した箇所もあった。

ちなみに、管理されていない水害防備林は洪水時に流される可能性があるが、きちんと管理された防備林が流失した事例が過去の調査で確認されたことはない。

もちろん、減災ではなく完全防御を望む住民にとっては、水害防備林は歓迎されない存在であろう。まして防備林の維持管理費が国・自治体から保障されるわけではなく、かつてと違って竹材も売れなくなった。高齢化が進み人手不足の現状では、消極的ながらも住民が伐採に否を唱えなかったのは自明の理であろう。しかし、水害防備林が併用されない霞堤は、危険な存在へと変貌しつつある。

竹の資源化や負担軽減策が必要

現代の災害では、地域住民の防災に対する意識が減退する傾向が強く、復興の名のもとに地域の伝統が滅びゆく。災害文化の知恵を伝承するにあたっては、景観や対象とするモノ（久慈川の例でいえば水害防備林の竹）の存在が意識を高めるうえでより効果的だろう。本来ならば、氾濫許容工法による「減災」は、地域住民の防災意識を維持させうる点に意義があるといえよう。

戦国武将の武田信玄は、甲府盆地の治水に水害防備林や霞堤を利用したことが知られている。住民による治水システム維持のために、管理を行なう住民に対し平常時の税を軽減したり、堤防強化を集落全体で行なうことを習慣化するため「祭」を取り入れたりしていた。翻って現在、流域治水を行なうには流域住民の意識向上はいうまでもないが、下流域を守るために中流域に負担をかけるケースも多く、行政による利害調整とシステムを補う援助が必要である。

河川と住民の関係が大きく変容しつつある久慈川においても、かつてのように水害防備林の竹材資源が活用されお金になれば問題の解決につながるだろう。荒廃する竹林を管理するために、「竹ペーパー」など竹を資源化する試みが、鹿児島や西日本豪雨災害で被災した高梁川など各地域で試みられている。久慈川中流域の耕地に遊水地機能を求めるならば、たとえば流域全体に竹材使用を義務づけ、水害防備林の維持管理費を税金で負担するなど、中流域の負担軽減を実現するようみんなで意識を変えなければ難しい。

お近くの河川沿いで樹林帯を見かけることがあったら、流域治水モデルの一例となることを期待しつつ、その減災効果や災害文化に想いを馳せていただければ幸いである。

メンマで稼いで水害防備林を守る

茨城県常陸大宮市・久慈岡区

文＝編集部

久慈岡区の久慈川沿いの竹林は約6ha。常陸大宮市内全体では約30haあるという

久慈川たけのこメンマ。1袋100g・600円

マダケでメンマ

幻のメンマといってもいいかもしれない。道の駅常陸大宮（ひたち）～かわプラザ～で2021年8月8日から販売が始まった「久慈川たけのこメンマ」は、わずか1カ月余りで、2600袋が売り切れになった。販売を始めて2年目。前年の2倍、530kgのタケノコを収穫したのだが、売れ行きは前年を上回るスピードだった。

原材料は、道の駅がある岩崎区のすぐ南隣、久慈岡区の久慈川沿いの竹林で採れる。ことの始まりは道の駅開業（16年3月）の前年までさかのぼる。オープンを盛り上げようと、久慈岡・岩崎ほか周辺5地区で大賀地域活性化協議会が設立され、特産品をつくろうということになった。そこで目を付けたのが川沿いのマダケの竹林に出るタケノコだ。

マダケのタケノコが採れるのは、モウソウチクより遅い6月。当初は収穫したタケノコをそのまま売っていたが、収穫・販売できる時期が限られる。何か加工品をつくれないかということで候補に挙がったのがメンマだった。メンマなら1mほどに生長したタケノコでも利用できる。

とはいえ、収穫期間は正味2週間ほどだそうで、量を確保するのは大変だ。協議会に参加する久慈岡区民10人ほど（70～80代）が、朝早く収穫したタケノコを道の駅に持ち込んですぐ冷凍し、繊維を壊す。その後の加工は県内の漬物屋に委託している。

竹の伐採作業は毎年2月に行なう

作業に参加する久慈岡区民のみなさん

6月、収穫したタケノコをすぐに皮をむいてカット。道の駅へ運んで冷凍する

用語解説

森林・山村多面的機能発揮対策交付金

地域住民、森林所有者等が協力して里山林の保全管理や資源を利用する活動を支援する交付金。地域住民、森林所有者等で3人以上の活動組織をつくることで3年間の活動が対象になる。

竹林再生の引き金に

この久慈岡の竹林も含め、常陸大宮市内の久慈川沿いに連なるマダケは、15世紀から水害防備林として集落共有で維持管理されてきたという記録が残っている。タケノコが食用になっただけでなく、かつては竹材がさまざまな用途に使われ、地域に販売収入をもたらした。おかげで数百年にもわたって水害防備林を維持することができたのだろう。だが、竹の需要がなくなってからのここ数十年は、どこの地区でも手入れがされず竹やぶになっていたそうだ。

久慈川メンマはその竹林再生の引き金になった。久慈岡区の高安敏明区長（72歳）によると、タケノコが採れるような竹林にするには、2月に1カ月ほどかけて整備する必要があるという。1年生から4年生までの竹をバランスよく残すように余計な竹を伐採する。そして、6月にタケノコの収穫が始まる前には下草刈りをする。だから6年前に計画がスタートしても、タケノコがすぐに採れるようになったわけではない。これまでに整備できたのも、地区内に約6haある竹林のごく一部だ。メンマのほうも、自分たちで一から加工するつもりで試作を繰り返したものの、味が安定しなかったり保存が難しかったりで、委託加工で商品化するまで時間がかかった。

21年は、タケノコとして販売した分も合わせて約100万円の収入になった。これが6月の収穫作業や下草刈りの労賃（時給1000円）に充てられた。それだけでは竹林整備の活動費が足りないので、林野庁の「森林・山村多面的機能発揮対策交付金」（＊）などを利用してきた。

19年10月の台風19号では、久慈川が氾濫し大きな被害が出た。久慈岡では半数の家が床下浸水になる程度ですんだが、「マダケの水害防備林にはごみなどが集落に流れ込むのを防ぐ効果が確かにあった」と高安さん。22年は川向こうの地区にも声をかけ、メンマの生産量を倍増させたいそうだ。

水辺を守る　粗朶（そだ）の使い方

まとめ＝編集部　　協力・写真提供＝井納建設㈱

山の広葉樹を束ねてつくる「粗朶」。護岸の保護から水田の暗渠工事まで、いろんな水辺で使われている。

粗朶沈床

コンクリート護岸は、その下の河床が水流で掘られると、崩落の危険がある。これを防ぐため、カーブの外側など水流の強い場所に、河床を保護する「根固め工」が施される。その一つが粗朶沈床だ。

割石や玉石を投入するだけの単純な根固め工法もあるが、特に砂地の河床では、石が自重で沈んだり、水で流されたりしやすい。これに対し粗朶沈床は、石の荷重を粗朶が広く分散して伝え、河床を面的にしっかり押さえる。また柔軟性に富み、設置後は変形して河床にフィットする。このため特に、河床が細かい砂でできた中下流域での設置に適している。

100㎡の粗朶沈床に使用する粗朶は約670束。工事区間が数kmにわたれば、数万束が必要になる。

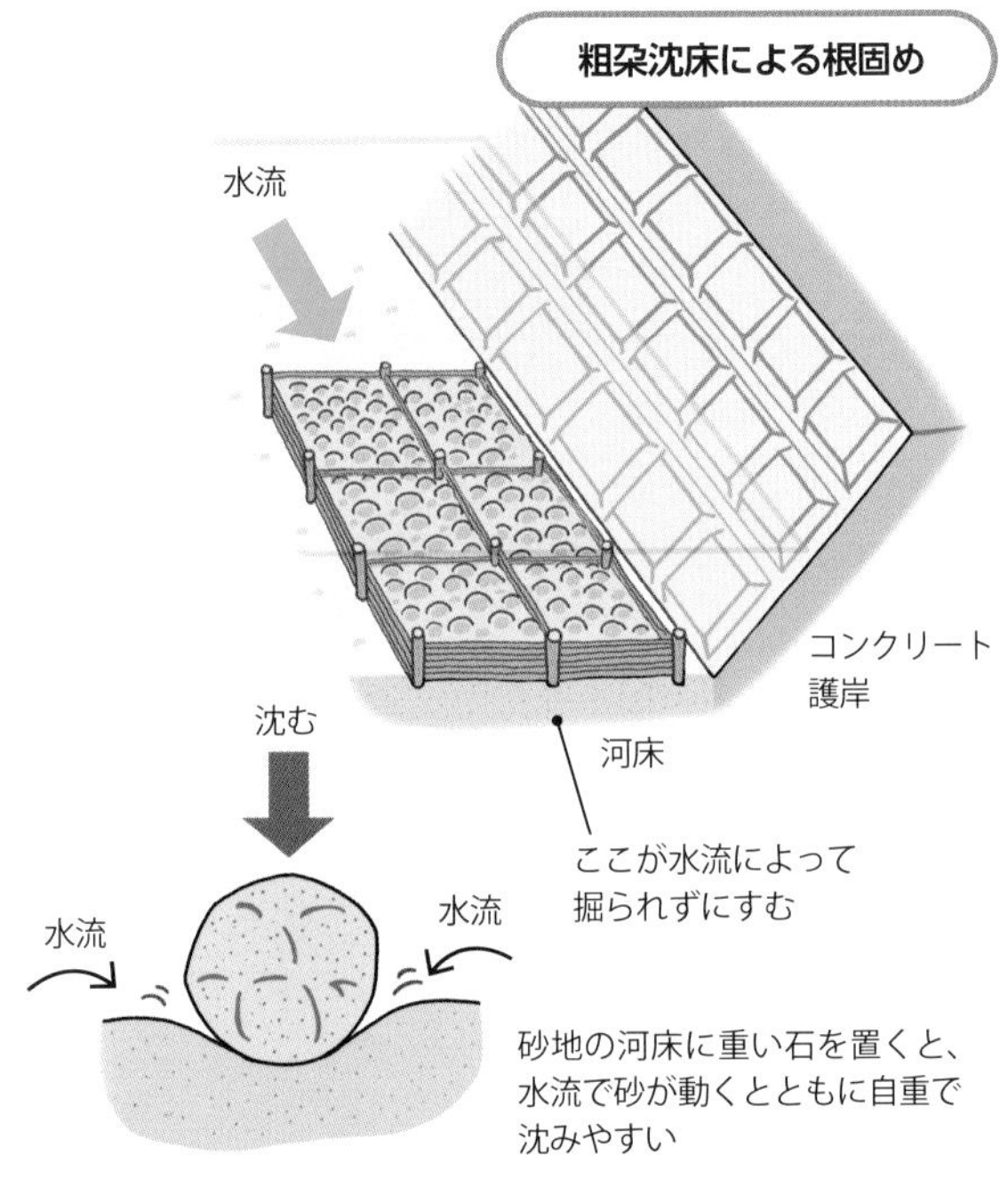

粗朶沈床の施工現場

①連柴（れんさい）（左ページ参照）を格子状に並べた上に、粗朶を縦横交互に3層敷き詰める（打ち粗朶）。その上にまた連柴を敷設する
②連柴を貫通するように杭木を打つ
③杭木にしがらを編み込んでマス目状の壁をつくる
④マス目の中に石を詰めて完成

連柴柵工・粗朶柵工

小規模な河川や水路の岸が崩れないよう土を保持する土留めの工法。連柴を積み上げ、杭で留める。または杭を打ってしがらを編み込む。

空気に触れている連柴やしがらは10年程度で腐食するので、より恒久的な土留めとして背面にヤナギを植え、その根が張るまでの仮留めとして行なわれることが多い。

ヤナギを植栽。繁茂すれば鳥類や昆虫類の生息空間もできる
連柴
杭

三重県・戸上川での施工例（連柴柵工）

粗朶山の広葉樹は丸ごと利用できる

粗朶
杭木やしがらにならないバラバラな枝葉を、2.7m周長60㎝に束ねる

しがら
直径2〜3㎝、長さ3m　25本で1束

杭木
直径4〜5㎝、長さ1.2m　10本で1束

シイタケ原木
直径5㎝を超える幹など

萌芽更新
切り株からは翌春になるとひこばえが旺盛に伸びてくる。7〜10年でまた粗朶がとれる山に戻る

連柴

粗朶どうしを一定規格の長さに連結したもの。元口と梢を重ね合わせて締め金で締め付け、針金と縄で結束する。

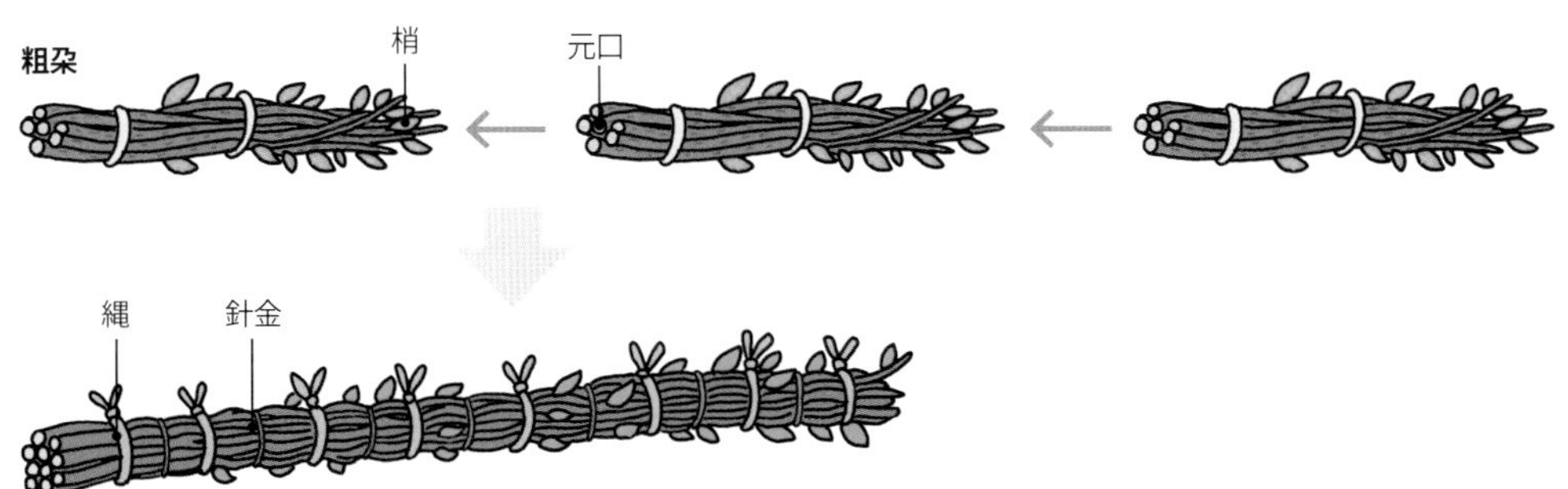

イラスト＝河本徹朗

江戸時代の農家は治水の技にも長けていた

三河・遠州（愛知～静岡）を舞台に書き残された農書『百姓伝記』には治水の技術もまとめられている。その一部を紹介してみよう。

まとめ＝編集部　イラスト＝河野やし

元来水はどのような形の器にもなじみ、人の思いどおりになり、船を浮かべ筏を流すのにも重宝なものである。また、土をうるおして万物を養うもので、一滴たりとも粗末にしてよいということはない。しかしそうはいっても、洪水になれば山をくずし、田畑に浸水し、人家を流して損害を与える。（中略）自分が住む地方の村や里に昔からある池や川に毎年修理の手を加えて、水害を防ごうと心がけることは大切である。

出水の兆候は流れてくる木や草で判断。ふだんと違った草木の葉が流れ、泥水が濃くなってくれば増水の危険信号
たとえ川が溢れて堤防を乗り越えても、半日や一日は自分の手を当ててでも防ぐ心意気が大切――こんな記述もある
切り流し（木流し）の方法
重り土のう
川の流れ
水防工法も百姓が編み出した!? 『百姓伝記』には「切り流し」という名前で「木流し」（p27）が紹介されている。「枝が多く葉が繁った常緑樹に綱をつけ、堤に打った杭に留め、それを川下から川上へと設置していく」。葉の繁った枝を水に沈め、水勢を弱めて堤防を守る技だ

大木になる種類のヤナギを植えてはならない。暴風雨のとき堤防が緩む原因にもなる
水際から堤防の腹にかけてヤナギを植えるとよい。丈が高くならず、葉の細いヤナギを選ぶ。毎年、晩秋に枝を刈り、木を太くしない。軟らかいヤナギは大水のときにピタリと寝て、水流で堤防が崩されるのを防ぐ。太いヤナギは水当たりが強く、逆効果
竹を植えるなら細い女竹。やはり毎年、刈り払って草丈も抑える
ヤナギは、挿し木の前に根の側を3〜5日水に浸け、斜めに挿すと芽がよく出る。頭を川下側に傾ける。竹か木の棒で穴を開けて挿すのがよい
堤防の両面にはノシバを植えると丈夫になる。越水を防げないときは、ノシバが堤防を覆った丈夫な部分を低くして溢れさせる。水が強く当たるところから溢れると堤防が決壊し、大被害をもたらす
洪水を防ぐには多様な道具が必要。同じ道具ばかり持ち寄らないよう、前もって打ち合わせておく。必要なのは、鍬、鎌、鉈、手斧、木槌、もっこ、縄綱、竹、空き俵、むしろ、提灯…など
よーし、
オレは土のうを
つくるぞ！

参考：『日本農書全集』第16巻（農文協）所収「百姓伝記」巻七

防災かまどベンチ

上山俊彦（山口市・東条自治会）

避難所となる市の公園に設置した「防災かまどベンチ」。かまど部分は2つあり、右は大人数の炊き出しに利用。長さ154㎝、幅73㎝、高さ40㎝で、座面の板は簡単に取り外せる

防災訓練での炊き出し。野菜たっぷりの焼きそばは、鉄板で素早くできる

かまど製作に携わったメンバー。背面の通気口を確保しつつ、耐火レンガを5段80個ほど積み上げた

山口市阿知須の東条自治会（102世帯）は、2013年の「自主防災会」発足以降、毎年防災研修会を行なっています。17年には「防災かまどベンチ」を有志15人でつくりました。

防災かまどベンチとはレンガ囲いの土台の上に座板を載せたもので、通常はベンチに、災害時は座板を外して炊き出しのかまどとして利用します。費用は、耐火レンガやセメント、座面の板、調理用の鉄板など合わせて10万円程度です。

つくり方は以下の通り。①まず地面に深さ10㎝程度の穴を掘って、木型枠を設置。そこに砂利を敷いて補強用のワイヤーメッシュを置き、練り混ぜたコンクリート（インスタントセメント＋砂利）を流して基礎をつくります。コンクリートが完全に固まるまでブルーシートを掛けて1週間ほど養生しました。②次に、基礎の上に耐火レンガを積んで「かまど」部分をつくります。水平器やまっすぐな木で水平を確認し、耐火セメントで接着しながらレンガをていねいに積み上げていきます。③座面は防腐処理済みの板を使用。かまどの上に固定されるよう、板の裏側に添え木を打ち付けてあります。

PART 4

早期避難で生き抜く
――みんなでつくる半径数百mの防災計画

水害の自主避難マップをつくった蓼原集落のみなさん。後列右が自治会長の仁張衛さん

ここで暮らしていくためにつくった

水害避難マイマップ

京都府福知山市大江町・蓼原（たではら）自治会

文・写真＝編集部

川とともに生きる

福知山市の市街地から車で約30分。一級河川・由良（ゆら）川沿いに延びる大江町蓼原は、57戸130人が暮らす集落だ。

江戸時代には舟運の港として栄え、多くの商家が立ち並んだ。今でもメインストリートには、写真館や和菓子屋、理容店、製材所など、代々の家業を引き継ぐ店が多い。また、1950年代まで養蚕が盛んだったことから古い家屋は天井が高く、当時の名残をとどめている。

一方、低地の蓼原は水害の常襲地帯でもある。台風や豪雨のたびに由良川が氾濫し、浸水被害を繰り返してきた。

◇

「今年は大雨が来んといいね。もう水害はたくさんじゃ」

「そやなぁ、もう歳やで家の中に水が入ったら、畳を上げる体力がない」

梅雨のシーズンが近づくと、集落のなかではそんな話題が増えてくる。それでも、ひとたび水害が起これば自治会で決めたルールに従ってみんなで助け合う。

「このマップは、自分たちでできることを考えてつくった蓼原独自の自主避難計

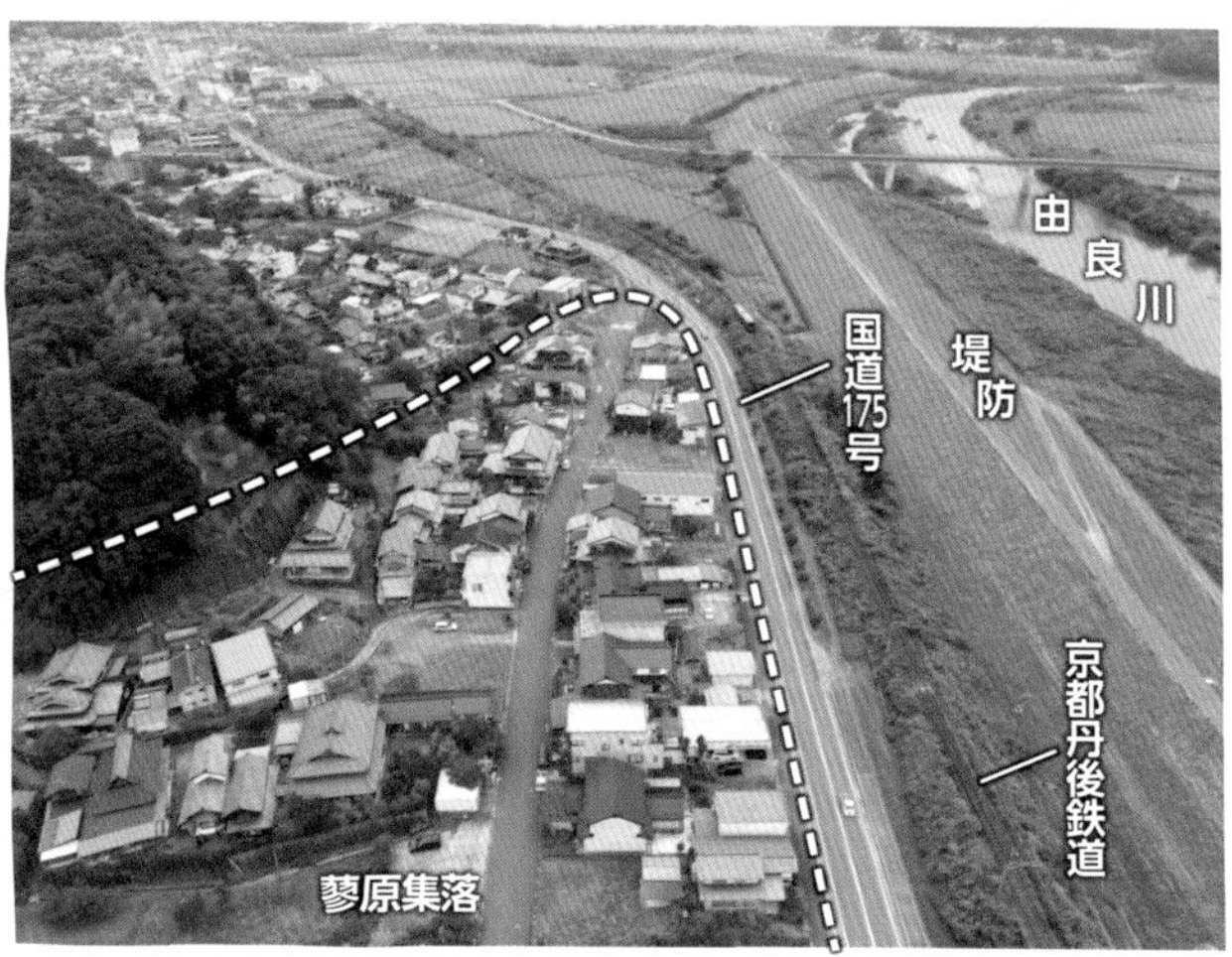

16年に念願の堤防が完成。由良川からの浸水はなくなったが……。
写真提供＝蓼原自治会（以下、Tも）

自宅の外壁に浸水の高さを掲示する荒木伊佐男さん（89歳）。2000年以降、3回の床上浸水を経験した

2018年7月豪雨による内水被害（T）

画です。『誰ひとり犠牲者を出さない』のスローガンのもと、この先も住み続けられるようなむらにしたい」と自治会長の仁張衛（にんばり）さん（65歳）はいう。

災害は忘れた頃ではなくなった

仁張さん曰く、江戸時代から昭和20年代にかけて蓼原集落の歴史を紐解くと、比較的大きな水害は50年ほどの周期で繰り返されていた。しかし、気候変動の影響からか、2000年頃から雨の降り方が変わってきたという。実際、台風や集中豪雨の多発・激甚化で、わずか20年の間に5回の水害が発生。もはや災害は忘れた頃ではなくなってきた。

由良川の氾濫に悩まされてきた住民にとって、16年に完成した堤防は悲願だった。これで水害はなくなると誰もが一安心していた矢先、今度は大雨で集落内の小河川が溢れ出し、堤内地に水が溜まる内水被害が17・18年と連続して起こったのだ。

18年の7月豪雨では、深夜2時に堤防に守られているはずの道路が冠水し始め、その後どんどん水位が上昇。午前10時には国道沿いの家屋が床上1m以上に浸水

避難のタイミングは、
経験がものを言います

自転車・バイク店を経営する迫田厚さん（71歳）。消防団OBとして自主防災委員を務める

2000年以降に蓼原を襲った水害

		床下浸水	床上浸水	被災割合
2004年台風23号	10月20日	37	3	70%
2013年台風18号	9月16日	49	4	93%
2014年8月豪雨	8月15日	7	11	31%
2017年台風21号	10月23日	7	12	33%
2018年7月豪雨	7月7日	31	10	72%

し、最終的には消防団がボートを漕いで救援物資を届けるほど、集落一面が水浸しとなった。

「幸い犠牲者は出なかったが、水害は待ってくれへん。自分たちで判断して迅速に避難せなあかん」と考えた仁張さんは、市の助言を受けながら、自治会独自の水害避難計画（マイマップ）を作成することにした。19年4月のことだ。

記憶や経験から避難のスイッチを決める

福知山市が支援する「マイマップ」とは、自治会ごとの細かな災害リスクや避難経路をまとめた「地域版防災マップ」のこと。市が作成する洪水・土砂災害の広域のハザードマップとは異なり、自治会単位で住民が話し合って「避難行動のタイムライン」や避難方法を入れ込むことで地区独自のマップになる。15年のマイマップ作成の開始以来、毎年20～25の自治会が手を挙げ、21年4月現在までに124自治会（全自治会の3分の1程度）でマップが完成している。

マイマップの特徴として、自主避難の開始の目安となる「スイッチ」を決めるというルールがある。蓼原自治会の場合は、自転車・バイク店を営む迫田厚（さこた）さんの避難開始を、荷上げ・車両移動のスイッチにした。

「店にはバイクが70台ほどありますが、水に浸かればパーですからね。由良川の水位が5mを超えたら、バイクをすべて高台に移動させます。そんな私の姿を見て、住民が一斉に避難行動を始めるんです」と迫田さん。そうした住民にしかわからない記憶や経験がもとになり、災害から集落を守る地図になっていく。

蓼原のマイマップは、自主防災組織の委員を中心に10回ほど話し合い、19年12月に完成。印刷代をはじめ、3万円ほどの事務費用は市が負担した。

集落点検で自主防災を強化

蓼原自治会はマイマップの作成と並行し、むらの10年後を見据えた自主防災の強化にも力を入れる。その元になるのが各戸の状況を把握する集落点検だ。

▼消防団OBを防災委員に

最初に着手したのが、マイマップの話し合いの中心となる自主防災組織の態勢

LINEグループで情報を共有

蓼原自治会で作成した「マイマップ」。矢印は避難経路、実線で囲んだ所は一時避難場所

の見直しだ。従来、防災委員は1年任期の各組長（約10戸単位で、計5人）が兼務してきたが、仁張さんはこれを実効性の高い消防団のOBに変え、5年任期とした。

また、新たに「子供会女性部」を設置。子育て世代の女性たちを話し合いに加えることで、粉ミルクや生理用品といった備蓄品の追加や避難所での子どものケアなど、いろいろな意見が出てきた。

▼避難困難者を把握する

自治会の中には、災害時に自力で逃げるのが困難な人もいる。実態を把握するため、仁張さんは、民生委員、老人会長と一緒に全戸を訪問し、車椅子の人や持病のある人について、家族と面談し避難の方法や避難場所を確認した。

「認知症の気配がある人や週3回の人工透析を受けている人など、行政では把握できない個人情報も、ご近所さんなら安心して話してくれる。結局、蓼原のことは住んでいる人にしかわからんのや」

避難の支援が必要な家は、住宅地図に丸いシールを貼って人数を把握。集会所に掲示して情報が共有できるようにした。

役員が毎年全戸を訪問。災害時の要配慮者を把握する（T）

また、避難困難者の氏名や緊急連絡先、かかりつけの病院などの情報を記載したカードを作成。災害時にはこれを首にかけてもらうことで、避難所の看護師などに情報を引き継げるようにした。

高齢者は体調が変化しやすいので全戸ヒアリングは毎年実施し、その都度情報をメンテナンスしている。

▼LINEグループで安否確認

集落点検をするなかで高齢者だけでなく、子どもたちの避難にも支援が必要なことがわかった。親が共働きや夜勤に出ている家もあるので、子育てママを中心にスマホを活用して自主防災のLINEグループをつくった。

LINEは電話回線がつながらなくても、インターネット回線がつながる環境なら利用できる。メッセージを読めば「既読」マークがつき、スマホのGPS機能をオンにしておけば現在の位置情報もわかる。現時点で蓼原自主防災LINEグループには67人が登録しており、うち5人は集落外に暮らす地元出身者だ。実家の親の安否確認や電話で連絡して避難を促すときなど、大いに活用できる。

▼車の避難所も

19年秋には、水害時の自家用車の水没を防ぐため、地区内に車両専用の避難所（駐車場）をつくった。自治会で車両についてのアンケートを行なったところ、約80台の車があることがわかり、うち50台の持ち主が車両専用の避難所を希望したことから駐車場の造成が実現した。

場所は集落の奥にある30aほどの高台の空き地で、自治会の有志30人が雑草を刈り、砂利を敷いて整備した。水害時の車両避難所はマイマップにも記載し、年2回（6月と10月）の避難訓練でも活用している。

広がる共助のネットワーク

こうした共助の取り組みを他の自治会とも共有し、災害時に活かそうと、20年春、福知山市では、仁張さんをはじめ市内の自治会長や自主防災のリーダー、市議会議員、学生など、有志30人による「福知山自主防災ネットワーク」が発足した。年3回の研修会を開催し、地域防災に関する実践報告や意見交換、活動資料集の作成に取り組んでいる。

「うちの発表を聞いて、車両専用避難所の設置やLINEグループを立ち上げる自治会が増えている。いいところはどんどんマネしてってたらいい」。仁張さんはネットワークの可能性に期待する。

21年の研修会のテーマは「マイマップをつくろう」。先進事例の進め方や工夫を学ぶことで、独自の防災計画を立てる自治会がどんどん増えそうだ。

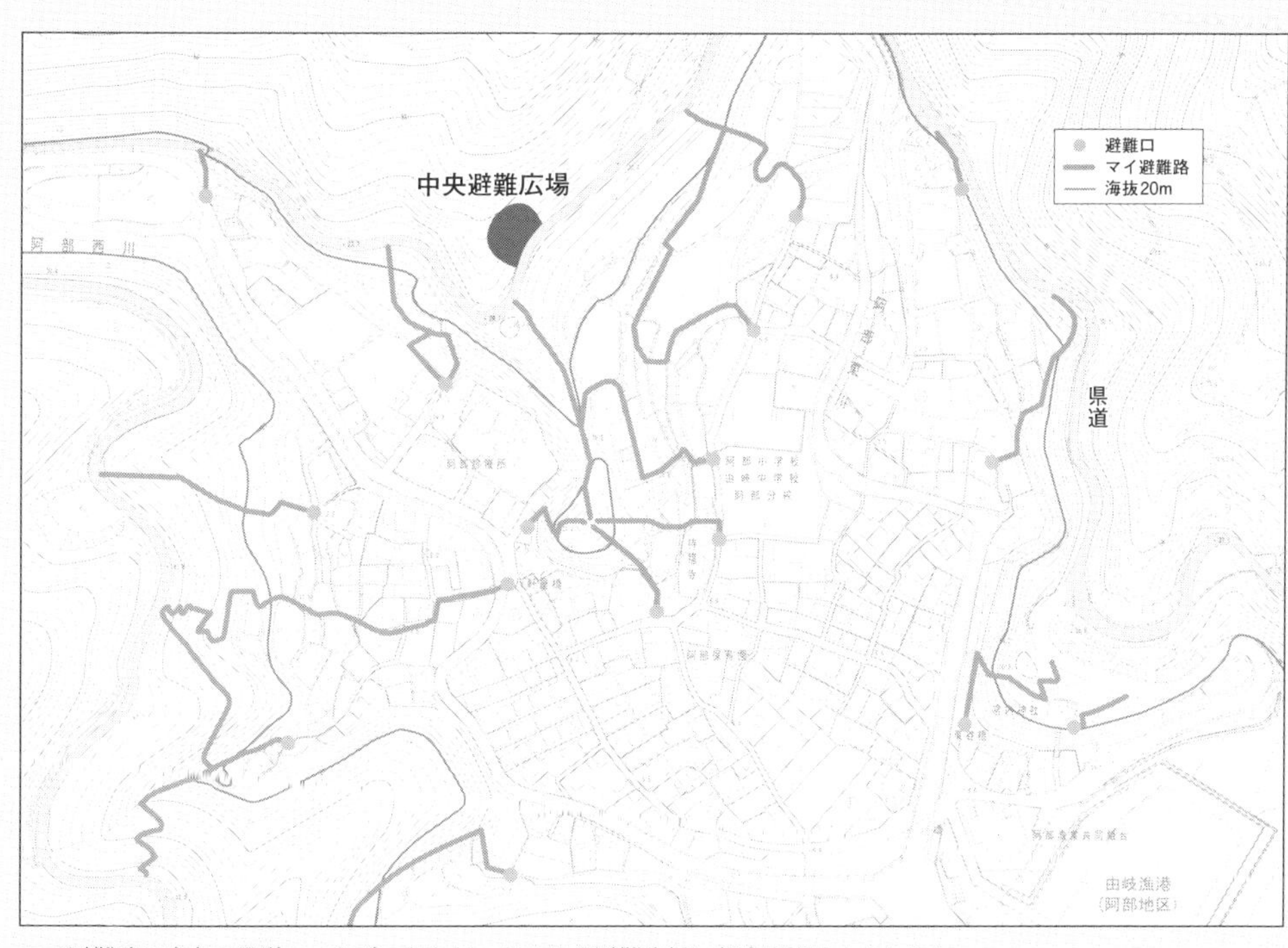

マイ避難路は高台の県道につながっており、そこから避難広場に集合できるようにした

集落内どこからでも高台に逃げられるマイ避難路

瀬戸興宣（徳島県美波町・阿部自主防災会）

阿部地区は三方を山に囲まれた人口１９４人の漁村です。海が間近だが津波被害を伝える痕跡がなく、災害は自分たちには無縁という意識が充満していました。だが、東日本大震災の後に県の出した、南海トラフ地震の津波予測では、阿部港は県内で最も高い20・2ｍという驚愕の結果となりました。

明日にも津波が襲ってくるかもしれない。住民の驚きや恐怖は、どこからでも周りの山に登れる手づくり避難路の整備につながりました。完成した避難路は計23本。マイ避難路と呼んでいます。被災時は標高28ｍの高台にある中央避難広場に集まれる仕掛けです。

海抜20ｍ地点にバッテリー付き防犯灯を設置し、暗闇でも安全圏が確保できるようにしました。

また、津波の犠牲者を出さないために「避難タイムスケジュール」も作成。津波発生から到達するまでの12分のうちに全住民が避難口（マイ避難路の入り口）を通過するのを目標にしています。

各家から避難口までの距離は、平均１８０ｍ。避難速度を健常者で１ｍ当たり１秒、要支援者で２秒かかるとすると、要支援者でも家から避難口まで休憩なしで歩けることが必要です。住民の６割が高齢者となり、日頃からの体力増進、フレイル予防（要介護の予防）がますます大事だと思います。

マイ避難路の多くは昔の生活道路や森林の作業道を改修したもの

地理院地図を使ってハザードマップを読む

佐藤 健（たけし）（東北大学災害科学国際研究所教授）

図1　宮城県登米市の洪水ハザードマップ（迫区域）

浸水深さ	深さの目安
10.0m 以上	下記以上（ビル3階水没）
5.0 ～ 10.0m	ビル3階が浸水
3.0 ～ 5.0m	家屋2階が浸水
0.5 ～ 3.0m	家屋1階床上が浸水
0.5m 未満	家屋1階床下が浸水（大人の膝までつかる程度）

＊網掛けの色が濃いところほど浸水が深い（一部加工、加筆）

図2
国土交通省のハザードマップポータルサイト

「わがまちハザードマップ」では全国各市町村のハザードマップが入手できる

地理院地図とは

自然災害の規模と様相は、ローカルな自然環境と社会の脆弱性に大きく依存する。東北地方太平洋沖地震による津波や度重なる水害も、地形や標高といった自然環境が場所によって異なることで、浸水の範囲や深さなど自然の振る舞いに直接影響を及ぼすことになる。そのローカルな自然環境の理解をサポートしてくれる有力なツールが「地理院地図」である。

地理院地図とは、地形図、写真、標高、地形分類、災害情報など、国土地理院による我が国の国土の様子を発信するウェブ地図のこと。例えば「標高図」や「断面図」により、土地の高低差をはじめとした地域の自然環境を端的に理解できる。

全国のハザードマップが入手可能

一方、災害が多発する昨今、私たちにとって身近な防災情報である「ハザードマップ」の効果的な活用が求められている。ハザードマップとは、洪水災害を例にとれば、台風や大雨による浸水被害を予測し、その被害範囲や浸水深を地図化したものであり、指定緊急避難場所など

図3　地理院地図のコンテンツの例（登米市細谷集落付近）

A 標準地図　B 航空写真（昭和50年頃）　C 土地条件図

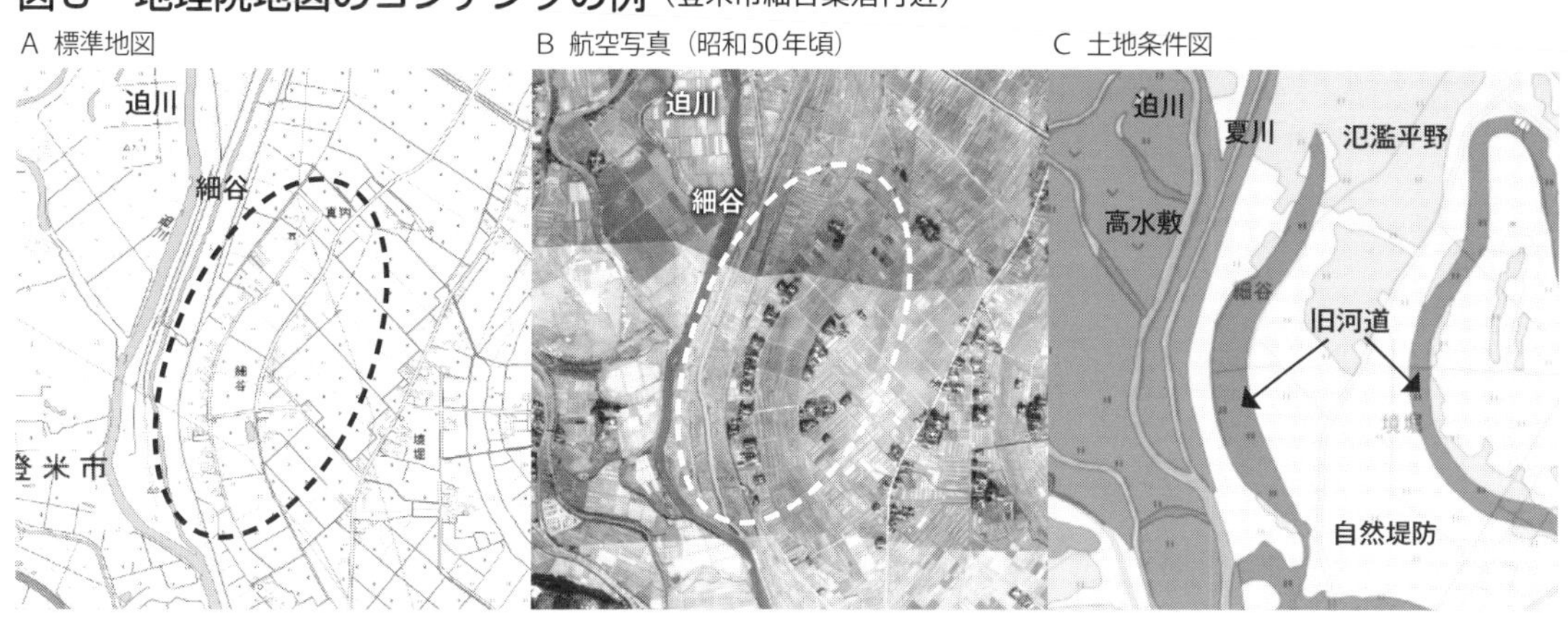

「地理院地図」で検索するとサイトが見つかる。左側のサイドパネルを開いて各コンテンツを利用できる

の防災資源も併せて記載されていることが多い。文部科学省は、学校教育における防災学習の指導でもハザードマップを有効活用することを推進している。

国土交通省は、各市町村が作成したハザードマップへの入り口として、インターネットで「わがまちハザードマップ」を提供している【図2】。都道府県、市町村名を入力して検索すると、公開されている各種のハザードマップをデジタル画像として入手できる。

【図1】は、宮城県登米（とめ）市の洪水ハザードマップである（一部抜粋して加筆）。登米市内の細谷や境堀の集落のある付近は0・5～3・0mの浸水深となっている。避難施設となっている加賀野小学校や石森小学校付近には、0・5m未満のところや非浸水域（白色）も確認できる。

地理院地図は地域情報の宝庫

このように、洪水ハザードマップを見ると場所によって浸水深の大小を確認できるものの、その差がなぜ生じるのか十分な理解を得ることはできない。そこで活躍するツールが地理院地図となる。

登米市細谷の集落付近について、地理院地図のいくつかの機能を使ってみた例を【図3】に示す。細谷集落は、50世帯ほどの小規模な農村集落であるが、すぐ近くに北上川水系迫（はさま）川が流れ、洪水のリスクがある低地にある。集落がなぜその場所に、しかも少し弓状に形成されたのか、地理院地図を用いて謎を探ってみる。

低地に関する重要なキーワードとして、「自然堤防」「氾濫平野」「旧河道」など

用語解説

自然堤防
洪水時に運ばれた砂等が、流路沿いに堆積してできた微高地。

氾濫平野
河川の氾濫により形成された低平な土地。

旧河道
低地の中で周囲より低い帯状の凹地で、過去の河川流路の跡。

高水敷
水が流れる低水路より一段高い部分の敷地。平常時にはグラウンドや公園などで利用されているが、洪水時には浸水する。

図４　自分で作る色別標高図（登米市細谷集落付近）

標準地図の上に、自分で設定した区分で標高ごとの色分けができる。色の透過率を変えることも可能

がある（用語解説参照）。まず、土地の微妙な高低差を表わした「土地条件図」（図３Ｃ）を見ると、凹地である旧河道を確認できる。旧河道の存在は、図３Ｂの航空写真でもうっすらと確認でき、併せて旧河道の土地利用は決して宅地ではなく水田となっていることもわかる。氾濫平野の土地利用も同様である。一方、微高地である自然堤防上に集落の形成が確認できることから、わずかでも高く、水はけのよい場所を見極めて生活してきた古人の知恵を実感することになる。

高低差がわかる色分け地図をつくる

次に、地理院地図の「自分で作る色別標高図」により、土地の高低差の理解を深めることが可能である。高低差区分の設定も自由にできる。細谷の集落周辺で描いてみた例を【図４】に示す。

【図４】では、最も低い標高を５ｍ以下、最も高い標高を12ｍ以上としている。このエリアで最も標高が高いのは河川堤防の天端であり、水田部分よりも集落部分の標高がわずかに高いことがわかる。この地域は総じて低い土地で、近くに丘陵地など標高の高い場所は見当たらない。

【図４】の高低差区分は、標高５ｍ以下を河川の「低水路」、５～７ｍを「高水敷」、７～10ｍを高水敷よりも高く、堤防の天端よりも低いエリア、10～12ｍを堤防の天端、12ｍ以上を堤防天端よりも高い標高として設定した。このような標高区分を設けることにより、細谷の水田部分は高水敷と同じ標高レベルであり、集落がわずかに高い微高地に形成されていることがわかる。また、河川堤防の破堤や、堤防を越えるような洪水が発生した場合には、この地域の大部分が浸水する恐れがあることが認識でき、洪水ハザードマップの理解が進むだろう。

高低差の理由をひも解く

次ページの【図５】は117ページの「標準地図」（図３Ａ）に「土地条件図」（図３Ｃ）を重ねたものである。また、始点と終点まで約1200ｍにわたる「断面図」も左上に描いてみた。

旧河道は過去の河川流路の跡であるため、低地の中でさらに周囲より低い帯状の凹地となる。一方で、自然堤防は、洪水時に運ばれた砂などが流路沿いに堆積してできた土地であるため、周囲よりわ

図5　標準地図に土地条件図を重ねた（登米市細谷集落付近）

画面右上の「ツール」から断面図を作成できる

図6　避難経路に沿った標高断面図

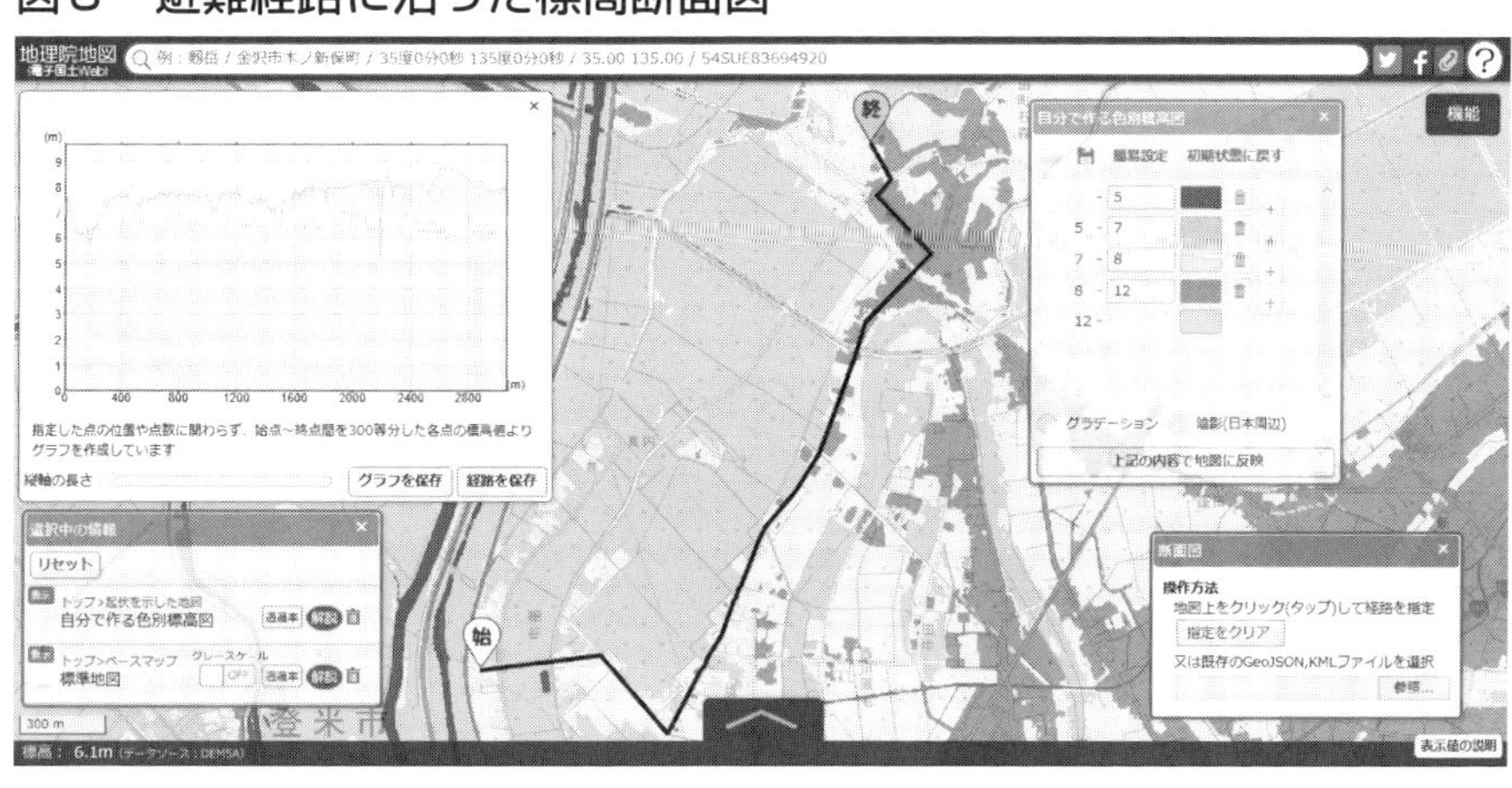

ずかに高くなる。川のはたらきが土地の高低差を生むことや、【図5】中の断面図から具体的な高低差の数値も確認できる。

なお、地理院地図の断面図は、一直線だけでなく任意の経路を設定して作図できる。【図6】は、細谷集落の住民が石森小学校に避難するとした場合の避難経路に沿った断面図である。少し遠回りとなるものの、わずかでも高い自然堤防上の道路を利用することが安全であるとわかるだろう。任意の場所から緊急避難場所までの避難経路の検討にも地理院地図を活用できるのである。

◆

将来の災害に備えるためには、過去に発生した災害（災害履歴とも呼ばれる）についての貴重な経験をローカルな地域ごとに学び直すことが重要と考える。このような学びのプロセスにおいて、自然環境と調和しながら暮らしてきた先人の知恵に気づくことが少なくない。

だが現代は、微地形を意識することなく市街化された低地に多くの人々が暮らしている。地理院地図を使いこなして、先人に負けない賢さを持つことに期待したい。

防災協定で備える

住民間で避難協定 消防団OBを組織化

長野県飯田市

文＝編集部　イラスト＝河本徹朗

飯田市は旧町村ごとに20地区に分かれており、そのすべての地区で「地区防災計画」（＊）を策定している。

策定にあたっては、市が独自に作成した穴埋め式の手引書を参考に、各地区の自主防災組織が話し合った。市の職員が出張して説明会を開いたところもあり、地区ごとの課題を反映した計画になっている。

例えば、天竜川沿いの松尾地区は浸水被害が懸念されている。２０１５年、多発する豪雨災害を踏まえて水防法が改正となり、「洪水浸水想定区域」が拡大。松尾地区では全世帯の約3割にあたる約１０００世帯が該当するようになり、学校などの避難所だけでは避難者をすべて受け入れきれず、車の駐車スペースも確保する必要が出てきた。

そこで同地区では、洪水浸水想定区域の居住者と高台の住民の間で「災害から命を守るパートナーシップ協定」を締結することにした。これは、浸水被害が予想されるときの避難先として、高台の住民宅に間借りすることや自家用車の受け入れをあらかじめ決めておくというものだ。

協定は親戚や友人と結ぶケースが多く、受け入れ側から避難開始を促すことや避難者の健康状態を自主防災組織に報告することなどが明記されている。17年に始まり、延べ79件が締結されている。なかには乳幼児がいることから、受け入れ側の家におもちゃを置くことを決めた協定やペットの受け入れを約束する協定などもある。

一方、山本地区では、19年から消防団OBの人材活用を始めた。山本地区の消防団は、分団長を務めると40歳前後で退団となる。従来、このくらいの年齢層がまちづくりの先頭に立つ機会はあまりなく、PTAや青壮年会の役職はより若い層が、地域づくり委員会や自主防災会の役職は定年後の層が担うことが多い。

だが、防災士の資格を持ち、消防や防災の知識がある人が埋もれているのはもったいない。そこで消防団OBを「自主防災会の災害支援班」として組織した。自主防災会を支える実働グループだ。

現在メンバーは14人で、毎年退団者を受け入れており、有事の際は、自主防災会と消防団との調整役としても期待されている。

＊地区防災計画制度とは

災害対策基本法の改正によって2014年に創設された制度。自治会や自主防災組織などを中心に地域で話し合って、自助・共助による防災活動を推進するのがねらいで、市町村が作成する地域防災計画に反映させることもできる。21年4月現在、地域防災計画に地区防災計画を定めているのは、全国で2030地区に上る。

広がる災害時協力井戸

広島県呉市

文＝村上浩二（呉市地域協働課）

手動式ポンプの災害時協力井戸

井戸の所在地マップ。色が付いたピンで表わされている

２０１８年の西日本豪雨では、県の送水施設だけでなく呉（くれ）市が所有する上下水道施設も被災し、断水や水圧低下などの被害が広範囲で発生した。市内で断水の影響を受けた世帯数は７万８０００世帯、じつに全世帯数の５割以上に上る。一部の地域では給水再開までに約１カ月かかり、日々の生活や経済活動に大きな影響を及ぼした。

にもかかわらず、地域で大きな混乱が生じなかったのは、井戸の所有者が近隣住民に井戸水を提供していたからだと推測され、非常時のライフラインとして井戸の有効性、重要性を改めて認識した。冒頭の災害後に実施された自治会連合会の調査では、市内に多数の井戸があることが判明したため、その共助利用を支援する制度を20年4月に始めた。

災害時にトイレや掃除などに使う生活用水を提供できる井戸をあらかじめ登録。緊急時に速やかに市民へ周知するほか、井戸を管理する団体や法人を対象に修繕や改修費の一部を補助するというものだ（井戸の新設は補助の対象外）。日常的に利用している家庭用の井戸もあれば、地域団体が共助目的に設置したものもある。ポンプは手動・電動のどちらか、停電時も利用できるか、水量が十分かなどの情報を位置情報とともに市のウェブサイトで公開している。

２０２０年度の登録件数は85件で、うち個人77件、団体7件、事業者1件と、個人所有の井戸が9割以上を占める。市では井戸を業務利用している事業者にも登録を呼びかけ、災害時協力井戸の共助のつながりが広がっている。

新型コロナ対策のためにも避難所のTKB改善を！

榛沢和彦（新潟大学医歯学総合研究科特任教授）

B（ベッド）

日本の避難所「オー・マイ・ゴッド！」

私は災害関連病、関連死をなくすために、学会などでトイレ（T）、キッチン（K）、ベッド（B）など避難所のTKBの改善を提言してきた。とくに避難所への簡易ベッドの導入を最優先課題として取り組んできたが、東日本大震災を経てもなお、熊本地震では避難所不足から車中泊が行なわれ多数のエコノミークラス症候群が発生し死亡事例もあった。さらに、混み合った雑魚寝の避難所生活は「地獄のような生活」と被災者が語っていた。

そこで従来の学会活動では限界があると考え、産業界も含めた様々な領域を融合させ、行政、政府、自治体にも働きかけて避難所と避難生活を改善することを目的とした避難所・避難生活学会を2016年11月に立ち上げた。

欧米に行った際に聞くと、避難所で簡易ベッドを使わないことは考えられないという。熊本地震などで雑魚寝している避難所の様子を見せると「Oh my God!（なんてことだ）」という言葉が必ず返ってくる。「日本は先進国なのに信じられない」という。それくらい日本の避難所の状況は世界標準とかけ離れていることを我々は知るべきである。何でもグローバルスタンダードといいながら、避難所は日本独自（？）の悪環境にしておくのはいかがなものであろうか。

段ボールベッドの利点、安くて全国に工場が多数

我々はこれまで簡易ベッドとして段ボールベッドの使用を推奨してきた。その理由は段ボールベッドの価格が安く、日本中に大量生産できる工場が多数あるからである（大きな段ボール工場であれば1日で約1万台つくれる）。

これまでに14年広島土砂災害、15年東日本豪雨災害（常総市水害）などで避難所に段ボールベッドを導入したところ、ベッドを使うことで足の静脈血栓（エコノミークラス症候群の初期）が予防できることが判明した。しかしながら、その後に起きた熊本地震では避難所に簡易ベッドを導入することができなかった。これは、大規模災害では発生してから準備しても間に合わないことを如実に示していた（政府から段ボールベッド2000台を被災地に送ってもらったが避難所に届かなかった）。

そこで我々は、自治体に段ボールベッドの防災協定締結を働きかけてきた。防災協定を締結していれば、発災後に地方自治体が各地の段ボール工業組合に連絡することで3日以内に必要数の段ボールベッドが準備される仕組みで、費用は都道府県を通して国に申請すれば後で支払われる。また協定を締結する過程で自治体と協議すること自体を通じて、段ボール工業組合側

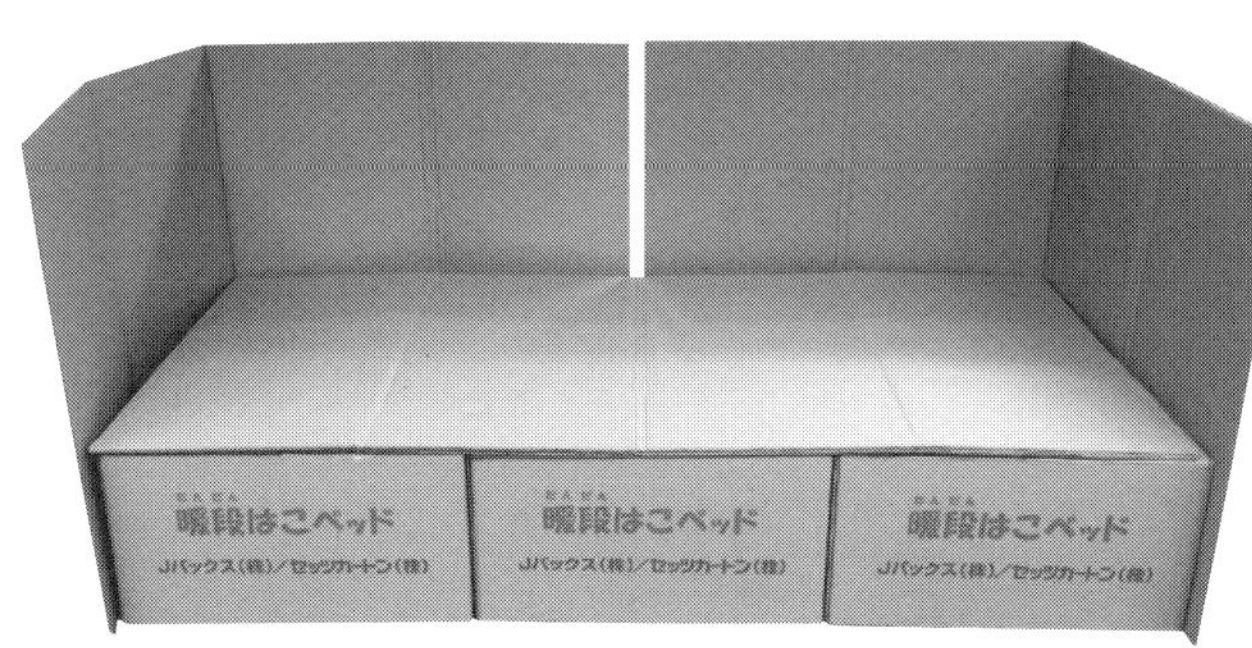

段ボールベッド
長さ190×幅90×高さ37.5m。段ボール6個を並べた上に天板になる段ボールが載っている。プライバシー確保のための仕切りもついている
写真提供＝Jパックス

段ボールベッドが導入された避難所の導入前後の変化。右が導入前

にも段ボールベッドの重要性を認識してもらう効果が大きい。

市町村が動く必要がある

しかしこの仕組みにも落とし穴があった。都道府県が防災協定を締結していても、被災した市町村からの要請がないと避難所に導入できないのである。17年と19年の九州北部豪雨では福岡県、大分県、佐賀県などで防災協定が締結されていた。しかし被災した市町村では防災協定が締結されておらず、県は防災協定に基づいて段ボールベッドの準備をしていたが、ほとんどの市町村から要請がなく、段ボールベッドを導入できたのはわずかであった。

また政府からのプッシュ型の支援にも限界がある。熊本地震後もそうであったが、政府からプッシュ型で段ボールベッドを被災地に送っても多くは倉庫に眠ってしまう。19年の台風19号被害でも、政府から長野県、福島県などに発災3～4日後には段ボールベッドがプッシュ型支援で届いていた。しかしそれらは県や自衛隊の倉庫に行ってしまい、どこにあるかも一部の人しかわからず、結局段ボールベッドが使用できたのは早い避難所でも7日後、遅い場所では14日以降であった。

雑魚寝はなぜよくないか

欧米では、避難所に簡易ベッドを導入する期限は3日以内と決めている国が多い。なぜ3日以内なのかというと、これはエコノミークラス症候群（肺塞栓症）の発症とも関連がある。病院で入院や手術などを受けた後に、安静臥床により足の静脈に血栓ができ、それが飛散することが原因の肺塞栓症で亡くなる

ことがあり、入院や手術後の2~3日後に多いことが判明している。すなわち普段と違う環境で3日以上動かないでいると肺塞栓症発症の危険性がある。また肺塞栓症だけでなく、高齢者では動かないことで排痰ができず肺炎になりやすい。

雑魚寝の避難所では立ち上がるのが容易でなく、そのため動きが悪くなる。さらに床に長時間座っていると関節に負担がかかり関節炎を起こしやすい。すなわち関節が痛くなる。こうして動けない、動きたくない、となると、トイレに行かないようにするため水分摂取を控えて脱水となり脳梗塞、心筋梗塞を発症しやすくなる。

欧米の人になぜ雑魚寝が悪いのかと聞くと、体に負担がかかるからといわれる。日本人は布団で寝る習慣があるため床に寝ることに抵抗がない。しかし日本の高齢者の多くは家でベッドを使っており、若者よりも使用率が高い。なぜならベッドを使ったほうが寝起きがラクだからである。

段ボールベッドは新型コロナ対策にもなる

さらに避難所の床は畳であってもホコリが多い。実際に避難所においてホコリメーターで測定したところ、外の100倍以上のホコリが床にあり、床から30cm上ではそれが半分以下に減った。ウイルスや細菌の多くはホコリにくっついて飛散する。したがってホコリが多い場所ではウイルスや細菌が多いことになる。そこで簡易ベッドを使えばホコリが半分以下になり、ウイルスや細菌に感染する率が低くなるのは自明の理である。

19年台風19号の際、雑魚寝していた避難所でノロウイルスの集団感染が発生していた。感染が判明した時点では半数以上が段ボールベッドを使用していたが、最初の感染兆候は全員が雑魚寝していたときに始まっていた。おそらく体が弱っている人が床のウイルスを吸い込んで発症したと考えられる。避難所では一人が感染するとすぐに感染拡大してしまう。

したがって「家でベッドを使っていないから、避難所でベッドを使いたくない」「ベッドは嫌い」などという個人的趣向で避難所の簡易ベッド使用を決めるべきではなく、全員が必ず使用すべきである。その大きな理由は、ウイルスや細菌が多い床から離れるため、すなわち垂直避難して感染予防するためなのである。

今後、新型コロナウイルス感染禍における避難所では簡易ベッドの全員使用はさらに必須である。なぜなら新型コロナウイルスは飛沫感染するが、飛沫は最終的に床に落ち数日以上感染力があり、雑魚寝では床にある飛沫を吸い込んでしまう危険性があるからである。

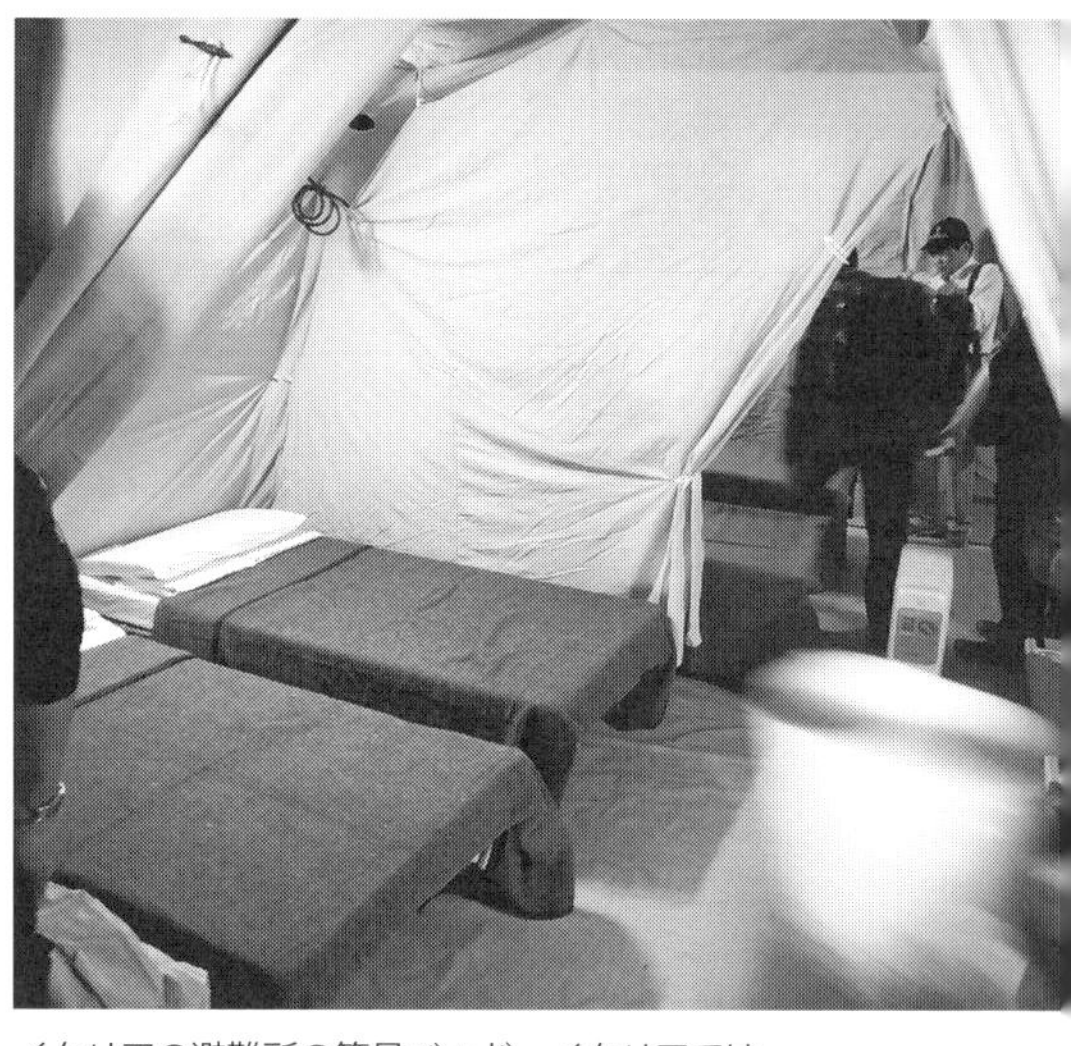

イタリアの避難所の簡易ベッド。イタリアでは家族単位のテントへの避難が一般的

K（キッチン・食事）

避難所でも温かい食事が世界標準

次に避難所の食事である。日本の避難所では「おにぎり、パン、弁当」が定番だが、これも世界標準ではない。世界では、温かい食事を避難所でつくって配膳し提供するのが標準である。

発災直後から1週間程度までなら仕方ないが、18年西日本豪雨災害避難所で同じ種類のパンが4カ月間昼食に提供し続けられていたのは異常であった。19年台風19号の避難所でも、提供される種類は増えたものの朝食はおにぎり、昼食はパン、夕食は昼に届く冷たい弁当が避難所開設中ずっと続いていた。

日本では法律的に自治体が炊き出しできるようになっているが行なわれることは少なく、ボランティアに頼っているため急性期から定期的に行なわれることはほとんどない。一方、欧米ではキッチントレーラー、キッチンコンテナ、テント厨房などを避難所に造設し、食事は必ずそこでつくって配給する。そして食事をつくるのは料理人など資格を持った人たちである。

こうした専門職のボランティアが欧米では多く支援しており、食事は大きなテントなどでつくられた食堂で食べるのが原則とされている。寝食分離で衛生を保つようにしているのである。

またできるだけ被災者は着席し、スタッフが配膳するようにしていることが多い。これは並んで待つと混み合って混乱すること、散らかることなどからであるが、新型コロナウイルス感染禍では密集、密接を避けるために必須になるだろう。

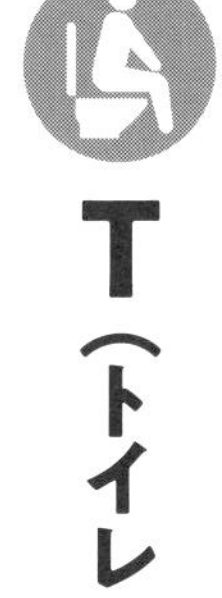

T（トイレ）

水洗トイレを20人に1個

最後にトイレである。欧米にも日本の和式トイレに似た便座のない仮設トイレもあるが、数は少なく、ほとんどが便座付きの水洗トイレである。またコンテナトイレが多く使用され、シャワーコンテナも同時に設置されていた。同じコンテナにトイレとシャワーがあるものも少なくない。ちなみにキッチンカーやキッチンコンテナには必ず料理人専用のトイレが付いている。

これらは災害用に備蓄されており、日本のように工事現場用のものを流用しているわけではない。避難所で使用する被災者用の6～8人用テントと一緒に備蓄され、発災後に一緒に輸送される。なお欧米の避難所は、長期化する場合は家族ごとのテントでの避難が基本であり、避難所となる場所にはテント到着よりも前にトイレが来ることも少なくない。

新型コロナウイルスは便などからも感染することから、水洗トイレが必須である。手洗いも重要で使用する水の備蓄などが必要になる。また、高齢者や足腰の悪い人には便座のある洋式トイレが必要である。19年台風19号では、避難所に洋式トイレがないため浸水した自宅に戻った被災者もいた。

避難所のトイレの数について、内閣府のガイドラインで急性期は50人に1個とされているが、急性期を過ぎてもそのままのことが少なくない。最初から、世界基準である最低でも20人に1個のトイレを準備していく必要がある。

コンテナ防災備蓄倉庫

増井光也（大分県佐伯市・宮野浦むらの覚悟委員会）

輸送用コンテナは、長さ12m、幅2.4m、高さ2.5m。1基当たり約40万円、水産加工会社のルートで上海から安く購入した

災害時の対応をまとめた冊子「むらの覚悟」を全戸に配布。ルールを統一することで迅速に避難できる

備蓄倉庫の中。材木でつくった棚には、冬物の衣類や毛布を入れた段ボールなどが収納されている

人口約400人の宮野浦地区で、自主防災組織「宮野浦むらの覚悟委員会」が発足したのは2011年秋。今後予想される南海トラフ大地震に備え「みんなで協力して生き延びよう」と、自治会や地元の水産加工会社などがまとまりました。

まず取り組んだのが、県の補助事業で輸送用の大型コンテナを2基購入し、一つは防災備蓄倉庫、もう一つは災害対策本部の事務所に改造したことです。それを防災拠点とし、地区の2次避難場所に指定されている標高20mの高台（約500坪の採石場跡地）に設置しました。

当初は備蓄用品が不足気味だったので、役員が「家で不要になった衣類や寝具などを寄付いただけませんか」と呼びかけました。すると、住民が自主的に毛布や衣類のほか、鍋やヤカン、食器などの台所用品も多く持ち寄ってくれました。

その後、委員会では寝泊まりできる避難所やテント、ブルーシートなどを保管する資材倉庫、燃料備蓄置き場を整備。年2回の避難訓練に活用するほか、子どもたちの防災力を養うために、地元の小学校と協力して「避難所宿泊体験」にも取り組んでいます。

初出一覧

絵とき　手づくり防災 ………………………… 書き下ろし
西日本豪雨災害を小さいエネルギーで乗り切った
………………………………………… 『季刊地域』36号

1　電気・トイレ・風呂・食べもの
―― 自分でできる困りごと解決

●電気
カーバッテリーとインバーターで電源を確保
……………………………『現代農業』2019年12月号
スマホ充電に、照明に大活躍のオフグリッドソーラー
……………………………………………… 書き下ろし

●トイレ
発酵利用の災害時簡易トイレ
……………………………『現代農業』2011年7月号
防災対策の盲点トイレ……………… 『季刊地域』40号
一斗缶でつくる「缶易トイレ」……… 『季刊地域』47号

●風呂
最高！手づくり五右衛門風呂
……………………………『現代農業』2008年9月号
自作の太陽熱温水器でアツアツの風呂
……………………………『現代農業』2022年11月号
廃材を薪に 移動式薪ボイラーで風呂支援
…………………………………………『季刊地域』9号
図解　身近なもので天然石鹸
……………………………『現代農業』2017年11月号

●食べもの
超簡単！ポリ袋調理で防災食をつくる
………………………………………… 『季刊地域』44号
野山の「防災植物」のおいしい食べ方
………………………………………… 『季刊地域』46号

2　裏山の土砂災害に備える

●実践！大地の再生
スコップと草刈り鎌で空気と水の流れを回復させる
………………………………………… 『季刊地域』46号
土砂災害の前兆を知る……………… 『季刊地域』46号

●崩れない裏山をつくる
放置された個人の山を自治会で管理する
………………………………………… 『季刊地域』44号
災害で倒れかけた木の切り方 ……… 『季刊地域』46号
直根苗木で土砂災害を防ぐ ………… 『季刊地域』46号
人工林の皆伐と保水力の関係……… 『季刊地域』47号
ワンカップ雨量計 …………………… 『季刊地域』42号

3　水路・ため池・川の水害に備える

●田んぼ・ため池の貯水機能を活かす
田んぼダムのしくみと効果 ………… 『季刊地域』45号
畦畔のかさ上げで貯水量アップ …… 『季刊地域』45号
田んぼダムの拡大に多面的機能支払をフル活用
………………………………『季刊地域』45号、46号
いろいろあるぞ　田んぼダムの排水調整板
………………………………『季刊地域』48号、53号
「池干し」でため池を守る ………… 『季刊地域』38号
サイフォン式簡易放流装置 ………… 『季刊地域』46号
ため池の遠隔監視システム ………………… 書き下ろし

●土のうを使いこなす
土のうのつくり方・使い方 ………… 『季刊地域』38号
あっという間に土のうがつくれる 土のう詰め器
………………………………………… 『季刊地域』51号

●先人の治水技術に学ぶ
「災害文化」としての水害防備林 … 『季刊地域』46号
メンマで稼いで水害防備林を守る … 『季刊地域』48号
水辺を守る粗朶の使い方…………… 『季刊地域』38号
江戸時代の農家は治水技術にも長けていた
………………………………………… 『季刊地域』38号
防災かまどベンチ …………………… 『季刊地域』45号

4　早期避難で災害を生き抜く
―― みんなでつくる半径数百mの防災計画

●防災マップをつくる・活かす
ここで暮らしていくためにつくった　水害避難マイマップ
………………………………………… 『季刊地域』46号
集落内どこからでも高台に逃げられるマイ避難路
………………………………………… 『季刊地域』46号
地理院地図を使ってハザードマップを読む
………………………………………… 『季刊地域』48号

●防災協定で備える
住民間で避難協定…………………… 『季刊地域』46号
広がる災害時協力井戸……………… 『季刊地域』46号
避難所のＴＫＢ改善を！…………… 『季刊地域』42号
コンテナ防災備蓄倉庫……………… 『季刊地域』40号

＊年齢や価格などの情報は、主に掲載時のものです。

自分で地域で　手づくり防災術
土砂崩れ、洪水、地震に備える

2023年10月30日　第1刷発行
2024年 5月30日　第2刷発行

編　者　一般社団法人
農山漁村文化協会

発行所　一般社団法人　農山漁村文化協会
〒335-0022　埼玉県戸田市上戸田2丁目2-2
電話　048(233)9351(営業)　048(233)9355(編集)
FAX　048(299)2812　振替　00120-3-144478
URL　https://www.ruralnet.or.jp/

ISBN978-4-540-23166-7　DTP制作／㈱農文協プロダクション
〈検印廃止〉　印刷・製本／TOPPAN株式会社